Paul Ferrini
Das Geheimnis deiner 9 Lebenszyklen

# PAUL FERRINI

# Das Geheimnis deiner
# 9 Lebenszyklen

## Die universalen
## Rhythmen des Lebens
## verstehen und nutzen

Aus dem amerikanischen Englisch übersetzt
von Philippa Campling

*Ansata*

Die amerikanische Originalausgabe erschien 2015 unter dem Titel
»Having the Time of Your Life« bei Heartways Press, Inc., USA.

Verlagsgruppe Random House FSC®-N001967

Ansata Verlag
Ansata ist ein Verlag der Verlagsgruppe Random House GmbH.

ISBN 978-3-7787-7514-1

Beratung: Stefan Linde
Redaktion: Christine Bendner
Umschlaggestaltung: no-mind.graphics, München,
unter Verwendung von Motiven von Shutterstock (Hintergrundstrukturen)
und Fotolia (Blume des Lebens)
Satz: Satzwerk Huber, Germering
Druck und Bindung: CPI Clausen & Bosse, Leck

www.ansata-verlag.de
www.facebook.com/Integral.Lotos.Ansata

# Inhalt

# Einleitung

Das in diesem Buch präsentierte Material ist das Ergebnis jahrelanger Arbeit mit planetaren Zyklen und symbolischen Systemen und vieler Stunden, die ich für die Erforschung der numerologischen Grundstruktur unseres Dezimalsystems und seiner Verbindung zur heiligen Geometrie aufgewendet habe. Die tiefere Bedeutung der Zahlen und der geometrischen Formen, auf die sie sich beziehen, durchdringt alle Bereiche unseres Lebens, obwohl sich die meisten Menschen dessen nicht bewusst sind.

Dies ist jedoch weder ein technisches noch ein theoretisches, sondern ein praktisches Buch. Es gibt uns ein Werkzeug an die Hand, mit dessen Hilfe wir verstehen können, wo wir in unserem Leben stehen. Ich wende diese Arbeit mit Zyklen seit über 35 Jahren in meiner spirituellen Beratungspraxis an. Im Laufe dieser Zeit habe ich herausgefunden, dass sie häufig verblüffend zutreffend ist und Menschen hilft, wirklich zu erkennen, in welchem Entwicklungsstadium ihres Lebens sie angekommen sind. Sobald sie das verstanden haben, müssen sie sich nicht länger für ihre Art zu leben, zu denken und zu fühlen verurteilen, entschuldigen oder niedermachen. Stattdessen können sie akzeptieren, was in ihrem Leben vor sich geht, und ihre Aufmerksamkeit dahin richten, wo sie im gegenwärtigen Stadium auch sein sollte.

Urteile, Schuldgefühle und Ängste abzubauen hilft uns sehr, für uns selbst und andere wirklich präsent zu sein. Meine Hoffnung ist, dass dieses Buch dir ein hilfreiches Werkzeug auf deinem Weg sein wird und dich deinem tatsächlichen Selbst näherbringt, damit du dein Leben authentisch und friedvoll leben kannst.

Bitte gib acht, dass du dieses Werkzeug nicht in eine Waffe verwandelst, mit der du dich oder andere niedermachst. Lass diese Worte nicht zu einem Teil eines tyrannischen, autoritären Systems werden, in das du und die Menschen, die du kennst, hineinpassen müssen. Wenn etwas passt, sei dankbar dafür. Wenn nicht, lege das Buch beiseite und höre auf die Weisheit, die schon in deinem Herzen ist.

Im Idealfall bringt dich dieses Buch deinem Herzen näher, nicht davon weg; aber das hängt natürlich davon ab, wie du es nutzt. Wenn du an diese Konzepte allein mit dem Verstand herangehst, wirst du enttäuscht sein. Es gibt keine Formel, die all das zu einem netten Päckchen schnürt. Alle netten Päckchen werden von den Gezeiten und Stürmen des Lebens zerrissen und ihre Inhalte auf den Meeren der Zeit verstreut. Nein, dieses Buch kann die Launen und Ungereimtheiten des Lebens nicht mal eben fein säuberlich in Schubladen einordnen. Sie bleiben bestehen, selbst wenn alles andere auseinanderfällt.

Das Einzige, was im Leben gewiss ist, ist die Ungewissheit oder, wie Laotse es ausdrückte: »Das Einzige, das sich nicht verändert, ist die Veränderung selbst.« Lehn dich also zurück und nimm das Buch nicht ganz so wörtlich. Manchmal wird es den Schleier wie mit einem Laserstrahl durchbohren und manchmal wird es dich in einen Wortnebel hüllen.

Wenn Nebel aufzieht, verankere dich in deinem Herzen und lass die Wellen an dein Boot schlagen. Du kannst nicht erkennen, wohin du gehst, versuche es also gar nicht erst. Sei geduldig und warte ab.

Wenn sich der Nebel lichtet, wird die Klarheit wiederkehren und du wirst erneut deine Marschrichtung erkennen. Dies ist kein Instrument, das immer dann und auf die Weise funktionieren wird, wie du es möchtest. Ein solches Werkzeug gibt es nicht. Dieses hier funktioniert am besten, wenn du dich ihm bescheiden und mit Offenheit in Herz und Geist näherst.

# Teil I

# Die Zyklen
verstehen

## Verstehen, wer du bist

Man sagt, dass Katzen 9 Leben haben, und was für Katzen gilt, könnte auch auf Menschen zutreffen.

Im Laufe unseres Lebens sterben wir viele Male und werden wiedergeboren. Natürlich spreche ich nicht vom physischen Tod, sondern vom psychischen Sterben und Wiedergeborenwerden.

Wir sind, wer wir zu sein glauben. Unser Leben wird von den verinnerlichten Glaubenssätzen bestimmt, die wir über uns oder andere haben. Diese Glaubenssätze – mit denen wir definieren, wer wir sind – sind nicht statisch. Sie verändern sich ständig.

Wie eine Pflanze entsteht auch eine Idee oder ein Glaubenssatz aus einem Samen. Er wird genährt, wächst heran und findet seinen Ausdruck in Form von Blättern und Blüten. Und am Ende verwelken die Blüten, fallen ab und besamen die Erde. Was als Samenkorn begann, ist nun wieder zum Samen geworden. Ein Zyklus ist vollendet.

Das geschieht nicht nur einmal in deinem Leben, sondern immer wieder. Du bist nicht derselbe Mensch, der du vor 10 oder vor 20 Jahren warst. Du hast dich verändert.

Natürlich verändern sich manche Dinge, andere nicht. Deine Essenz verändert sich nicht. Aber dein Verständnis und deine

Ansichten und Überzeugungen ändern sich. Und indem sie sich ändern, lebst du anders.

## Zyklen verstehen

In jedem Zyklus offenbart sich, wer du bist. Mit jedem Zyklus verändern sich deine Energie und deine Ziele und Absichten. Jeder neue Zyklus umschließt, was du im vorhergehenden gelernt und erfahren hast, und integriert es.

Du entwickelst dich ständig weiter und diese Entwicklung drückt sich in den zahlreichen aufeinanderfolgenden Zyklen aus. Jedes Mal, wenn du einen Zyklus durchläufst, hast du Gelegenheit, auf neue Weise zu erfahren, wer du bist, und dich und deine Einstellung zum Leben neu zu definieren.

## 9 Lebenszyklen

Ein Mensch, der 81 Jahre alt wird, durchläuft 9 aufeinanderfolgende Zyklen von jeweils 9 Jahren.

Der erste Zyklus beginnt mit der Geburt und endet mit dem 9. Geburtstag. Das ist der Wurzelzyklus oder archetypische Zyklus. Er steht für die Kindheit.

Der zweite Zyklus beginnt im Alter von 9 Jahren und endet mit dem 18. Geburtstag. Er umfasst die Jugendjahre.

Der dritte Zyklus beginnt mit 18 und endet mit dem 27. Geburtstag. Das ist die Zeit, in der man sich als junger Erwachsener weiterbildet und darauf vorbereitet, seinen Lebensunterhalt zu verdienen und Verantwortung für das eigene Leben zu übernehmen.

Der vierte Zyklus beginnt mit 27 und endet mit dem 36. Geburtstag. Er geht mit dem Aufbau einer beruflichen Grundlage und der Familiengründung einher.

Der fünfte Zyklus beginnt mit dem 36. und endet mit dem 45. Geburtstag. In dieser Phase erleben wir Veränderungen, die darauf hinweisen, dass wir uns unserer Midlife-Crisis nähern, und wir beginnen uns allmählich neu zu definieren. Bei vielen Menschen betreffen die Veränderungen die berufliche Laufbahn oder die Familienstruktur.

Der sechste Zyklus setzt mit dem 45. ein und endet mit dem 54. Geburtstag. Es ist eine Zeit, in der unsere Kinder das Nest verlassen und sich unsere Midlife-Crisis oft fortsetzt. Dazu gehören auch die Veränderungen, die die Menopause mit sich bringt. Wir bemerken immer stärker, dass wir nicht mehr in die Familienstruktur und in die Gemeinschaften passen, auf die wir uns in den beiden vorhergehenden Zyklen festgelegt hatten, und machen uns auf die Suche nach neuen spirituellen Familien und unterstützenden Gruppen.

Der siebte Zyklus beginnt mit 54 und endet mit 63. In diesem Zyklus werden wir oft Großeltern, falls das nicht schon im vorhergehenden Zyklus geschehen ist. Es sind die Jahre, in denen wir voll und ganz in unsere Kraft kommen, wissen, was wir wollen, und zu Lehrern, Mentoren und Vorbildern für die nächste Generation werden. Die Befriedigung durch unser schöpferisches Tun und auch die Anerkennung unserer Talente und Begabungen durch andere (oder das Fehlen von Erfüllung und Anerkennung) sind für uns in diesem Stadium unseres Lebens besonders wichtig.

Der achte Zyklus beginnt mit 63 und endet mit 72. In diesem Zyklus können wir gesundheitliche Probleme und Krisen erfahren und müssen vielleicht Veränderungen im Lebensstil vornehmen, die uns helfen, zu heilen und innerlich und äußerlich ins Gleichgewicht zu kommen. Wahrscheinlich beschließen wir, in den Ruhestand zu gehen oder die Anzahl unserer Arbeitsstunden zu reduzieren. Vielleicht verkleinern wir unseren Haushalt oder ziehen in eine wärmere Gegend. Wir werden möglicherweise mehr Unterstützung von anderen brauchen, um weiterhin selbstständig leben zu können.

Der neunte Zyklus beginnt mit 72 und endet mit 81. Es sind die Jahre der Weisheit, in denen die Loslösung von der Welt einsetzt und wir mit unserem Leben und den Menschen, die uns am nächsten stehen, Frieden schließen. Vielleicht haben wir Gelegenheit, zu vergeben und zu heilen, wo es bislang nicht möglich war, weil wir noch nicht dazu bereit waren. Oft vereinfachen wir unser Leben in dieser Phase, entdecken unsere Spiritualität und lassen Rollen oder Aktivitäten los, die uns unter Druck setzen oder Kraft rauben. In diesem letzten, dem neunten Zyklus fangen wir auch an, über unser Vermächtnis nachzudenken und uns auf unseren Übergang vorzubereiten.

Natürlich werden viele Menschen älter als 81 Jahre; manche erleben einen zehnten oder sogar elften 9-Jahres-Zyklus. Die Deutungen in diesem Buch gehen jedoch nicht über den neunten 9-Jahres-Zyklus, also über das Alter von 81 Jahren hinaus.

## Dein Jahr ermitteln

Bitte denk daran, dass dein 1. Lebensjahr mit der Geburt beginnt und mit deinem 1. Geburtstag endet. Wenn du 1 Jahr alt wirst, beginnt also dein 2. Lebensjahr.

Um das Jahr zu berechnen, in dem du dich jetzt befindest, addierst du jeweils 1 Jahr zu deinem derzeitigen Alter. Bist du zum Beispiel 56 Jahre alt, befindest du dich im 57. Jahr. Wenn du 14 bist, bist du im 15. Jahr.

## Wann dein Jahr beginnt und wann es endet

Ein Beispiel: Wenn du 56 bist, begann dein 57. Jahr mit deinem 56. Geburtstag und es dauert bis zu deinem 57. Geburtstag. Bist du 14, begann dein 15. Jahr mit dem 14. Geburtstag und es endet am 15. Geburtstag.

## Bestimmen, wo du in deinem 9-Jahres-Zyklus stehst

Um das genaue Jahr zu ermitteln, in dem du dich jetzt in deinem 9-Jahres-Zyklus befindest, folge dieser Anleitung:

Wenn du in deinem 10. Lebensjahr oder älter bist, zähle die Ziffern deines Alters zusammen, um eine Zahl zwischen 1 und 9 zu erhalten.

Ein Beispiel: Wenn du in deinem 14. Lebensjahr bist, addiere 1+4=5. Du bist also in einem 5er-Jahr. Wenn du in deinem 57. Lebensjahr bist, addiere 5+7=12, dann rechne 1+2=3. Du bist in einem 3er-Jahr.

Jedes Jahr deines Lebens entspricht infolgedessen einer Zahl zwischen 1 und 9 und besitzt die energetischen Eigenschaften dieser Zahl.

# Das Thema deines Zyklusjahres erkennen

Wenn du für Zyklen empfänglich bist, wirst du feststellen, dass sich das Thema für jedes Jahr just um den Geburtstag herum zeigt, mit dem dieses Jahr beginnt. Sind dir deine Zyklen nicht besonders bewusst, kann es sein, dass dir erst im weiteren Verlauf des Jahres klar wird, auf welche Weise sich das Thema in deinem Leben manifestiert. Das ist ein sehr individuelles Phänomen, und du wirst durch eigene Erfahrung herausfinden müssen, was auf dich zutrifft. Bei der Arbeit mit den Zyklen wirst du deinen individuellen Rhythmus erkennen. Du kannst auch ein Gefühl für die Zeitintervalle bekommen, indem du die vorhergehenden Zyklen analysierst.

# Die 3 Phasen innerhalb eines Zyklus

In einem 1er- oder 2er-Jahr befinden wir uns in der Anfangsphase eines Zyklus: Das ist die Entstehungsphase. In einem 8er- oder 9er-Jahr sind wir am Ende eines Kreislaufs angelangt. Das ist die Phase der Loslösung. Zwischen Jahr 3 und Jahr 7 befinden wir uns in der Mitte des Zyklus. Das ist die Aktivitätsphase.

Während nach außen gerichtete Aktivitäten in den mittleren Jahren eines Zyklus optimal sind, müssen wir uns am Anfang und am Ende jedes Zyklus nach innen wenden, um Ideen für unseren weiteren Weg zu entwickeln oder Vergangenes zu reflektieren.

## Die gesamte Dauer eines Zyklus

Jeder Zyklus dauert 9 Jahre beziehungsweise 108 Monate. Wenn wir die 9 Monate für das 0er-Jahr abziehen (siehe unten), dauert jeder Zyklus 8 Jahre und 3 Monate beziehungsweise insgesamt 99 Monate.

# Teil II

# Der
# 9-Jahres-Zyklus

# Die 9 Jahre eines Zyklus mit Schlüsselwörtern für das jeweilige Jahr

# Die Bedeutung der einzelnen Zyklusjahre

Im Folgenden wird die Bedeutung eines jeden Zyklusjahres ausführlich beschrieben. Nachdem du die Zahl zwischen 1 und 9 ermittelt hast, die deinem Alter entspricht, lies dir den entsprechenden Abschnitt durch. Das wird dir eine klare Vorstellung davon geben, was die Hauptthemen in Verbindung mit diesem Jahr deines Lebens sind. Um einen zusätzlichen Einblick zu erhalten, lies dir die Beschreibung des vorangegangenen Jahres und des darauffolgenden Jahres durch, damit du ein Gefühl dafür bekommst, welche Prozesse du durchlaufen hast und wohin du unterwegs bist.

Das meiste, was du wissen musst, findest du in diesem Teil des Buches. Mithilfe der Beschreibung für das jeweilige Jahr und deiner Intuition in Bezug auf dein Leben kannst du die Details einfügen und Zusammenhänge herstellen. Es ist besser, dies zu tun, bevor du die Beschreibungen in Teil III liest.

# Das 0er-Jahr

**Das 0er-Jahr** leitet den Zyklus ein. Es entspricht den 9 Monaten im Uterus (von der Empfängnis bis zur Geburt), in denen der Fötus genährt wird und heranwächst. Es steht für eine Zeit des Verschmelzens, des inneren Wachstums und Heranreifens. Es ist die Zeit, in der sich die Blaupause des Lebens, die sich in unseren Genen und Chromosomen befindet, zu entfalten beginnt und unser physischer Körper geformt wird – Woche für Woche, Monat für Monat. Der Fötus geht durch alle Phasen dieses Entwicklungsprozesses, um sich zunehmend als einzigartiges, individuelles menschliches Wesen herauszubilden.

Während wir üblicherweise meinen, dass unser 1. Jahr im Körper mit der Geburt anfängt, könnte man auch sagen, dass es eigentlich mit der Empfängnis beginnt, also 9 Monate vor der Geburt.

In dieser Hinsicht geht jedem neuen Zyklus eine 9-monatige Phase der Reifung voraus, in der die neu hinzukommende Energie vor den harten Anforderungen äußerer Existenz geschützt ist.

Indem wir uns genügend Raum schaffen, um zu meditieren, nach innen zu lauschen und umfassend für uns selbst zu sorgen, können wir die emotionale, psychische und physische Sicherheit und Stabilität aufbauen, die nötig ist, um die neue Energie zu manifestieren. Im Allgemeinen entsprechen die letzten 9 Monate des 9er-Jahres dieser Phase des Heranreifens von der Empfängnis bis zur Geburt.

## Die 0er-Jahre bestimmen

Dein erstes 0er-Jahr beginnt 9 Monate vor der Geburt und endet mit der Geburt. Deine nächsten 0er-Jahre beginnen wie folgt:

- 9 Monate vor deinem 9. Geburtstag (8 Jahre, 3 Monate)
- 9 Monate vor deinem 18. Geburtstag (17 Jahre, 3 Monate)
- 9 Monate vor deinem 27. Geburtstag (26 Jahre, 3 Monate)
- 9 Monate vor deinem 36. Geburtstag (35 Jahre, 3 Monate)
- 9 Monate vor deinem 45. Geburtstag (44 Jahre, 3 Monate)
- 9 Monate vor deinem 54. Geburtstag (53 Jahre, 3 Monate)
- 9 Monate vor deinem 63. Geburtstag (62 Jahre, 3 Monate)
- 9 Monate vor deinem 72. Geburtstag (71 Jahre, 3 Monate)
- und so weiter.

Jedes 0er-Jahr besteht eigentlich aus den letzten 9 Monaten deines 9-jährigen Zyklus. Die ersten 3 Monate deines 9er-Jahres sind eine Zeit der Vervollständigung und der radikalen Ablösung von der Vergangenheit. Die übrigen 9 Monate deines 9er-Jahres stehen für den Zeitraum in der Gebärmutter, in denen du schwanger gehst, die Energie des neuen Zyklus in dir trägst und ihm ermöglichst, allmählich Form anzunehmen und sich zu manifestieren.

Das 0er-Jahr ist eine Zeit des Reifens, in der dein gesamtes Leben in der Schwebe zu sein scheint. Die Tore zur Außenwelt schließen sich und du schwimmst wieder im Fruchtwasser. Du weißt, dass das Leben sich verändern muss, weil du dich veränderst, auch wenn du nicht genau weißt, wieso oder weshalb. Dies ist keine Zeit, um sich mit weltlichen Angelegenheiten zu beschäftigen, sondern eine Phase, in der du dich nach innen wenden und Zugang zu den Anteilen von dir bekommen solltest, die im neuen Zyklus, der nach diesen 9 Monaten beginnt, geboren werden wollen.

Das 0er-Jahr ist eine pränatale Phase. Es hilft dir, die emotionale, psychische und physische Stabilität aufzubauen, die du benötigst, um die erforderlichen neuen Strukturen in deinem Leben hervorzubringen.

# Das 1er-Jahr

**Die 1er-Jahre:** Das erste 1er-Jahr beginnt mit der Geburt und endet mit dem 1. Geburtstag (0–1). Es wiederholt sich alle 9 Jahre (im Alter von 9–10, 18–19, 27–28, 36–37, 45–46, 54–55, 63–64 und 72–73 Jahren).

**Das essenzielle 1er-Jahr:** 0–1

**Schlüsselwörter:** Geburt, Anfang, Initiation. Eine neue Idee oder Vision entwickeln. Hinhören, um Führung zu erhalten, Ideen sammeln; kleine Schritte machen, um die Welt zu erforschen; die Mutter sein, die das Kind nährt und beschützt, bis es auf eigenen Füßen stehen kann.

**Achtung:** Dies ist keine Zeit der aktiven Manifestation, sondern der Selbstfürsorge, der behutsamen Erkundung und der kleinen Schritte.

**Lektion:** Ich muss mir treu bleiben, selbst wenn andere die Veränderungen, die sich in mir vollziehen, nicht verstehen oder nicht damit einverstanden sind.

**Das 1er-Jahr** ist der Anfang des Zyklus. Dabei geht es darum, neue Energien und Gelegenheiten in dein Leben zu rufen. Wie eine Mutter hast du gerade ein neues Wesen geboren, das deine Liebe, Pflege, Zuwendung und Unterstützung braucht. Da wird es eine Zeitspanne geben, in der das Baby von dir abhängig ist. Es kann nicht allein essen oder gehen. Es kann sich nicht die Windeln wechseln. Es braucht ständige Zuwendung.

Dasselbe gilt für die neue Vorstellung oder Vision des Selbst, das du jetzt in die Welt hinausträgst. Es kann nicht auf eigenen Beinen stehen. Es braucht Pflege und Schutz. Für einige Zeit musst du zur Mutter werden und dich der Bedürfnisse dieses Kindes annehmen. Obwohl das Kind irgendwann erwachsen sein und ein eigenes Leben leben wird, braucht es dich jetzt.

Etwas wachsen zu lassen bedeutet, weder große Erwartungen zu haben noch großen Druck auf das Kind auszuüben. Es bedeutet, seine natürliche Entwicklung zuzulassen. Es bedeutet, auf die Bedürfnisse des Kindes einzugehen und ihm zu erlauben, dir mitzuteilen, wann es bereit ist, sich abzulösen, mehr Umgang mit anderen zu haben und der Außenwelt zu begegnen.

So wird auch deine neue Vision oder dein neues Selbstbild Zeit brauchen, um sich zu entwickeln. Du musst mit ihm sein, dich mit ihm identifizieren und es unterstützen, während es seine Stimme und seine Form entdeckt. Es wird nötig sein, ihm zu folgen, wenn es seine ersten Babyschritte macht. Du wirst es vor Fremden beschützen müssen, die barsch oder kritisch sind.

Wenn du in Jahr 1 eine gute Mutter bist, wird sich deine neue Energie sicher und stabil in der Welt etablieren. Bist du aber ungeduldig und erwartest sofortige Ergebnisse, wirst du dir zu viel Druck machen, was die neue Energie und dein neues Selbstbild untergräbt. Dein 1er-Jahr ist eine Zeit, in der du eine Vorstellung davon entwickelst, welche Richtung du in den nächsten 9 Jahren in deinem Leben einschlagen willst. In einem 1er-Jahr ist es entscheidend, in Verbindung mit deiner kreativen Energie zu kommen. Neue – oder bislang ignorierte – Seiten deines Wesens tauchen von innen heraus auf und suchen nach einem Ausdruck. Dies ist eine Zeit, in der du kontinuierlich in Kontakt mit dir selbst bleiben musst, um neue Gelegenheiten auszuloten und zu beginnen, Risiken einzugehen, die du bisher nicht eingehen konntest. Das muss jedoch langsam, schrittweise und geduldig geschehen, weil diese Risiken sonst viel zu viel Stress und Anspannung mit sich bringen würden.

Im 1er-Jahr bestimmst du also die Richtung für die kommenden 9 Jahre und machst deine ersten kleinen Babyschritte, um voranzukommen.

Nimm dir Zeit für dich und erkunde die neuen Wege, die dich ansprechen.

Dies ist keine Zeit, um dich festzulegen und Verpflichtungen einzugehen, denen du dann nicht nachkommen kannst, oder Verantwortung zu übernehmen, die dich belasten oder bremsen würde.

Verweile in der Gegenwart. Erkunde, spiele, schmecke, träume, folge deiner Freude, und die Türen werden sich öffnen. Dein Weg wird sich entfalten, indem du dir vertraust.

Nichts ist gewöhnlich in einem 1er-Jahr. Wie das Jahr 9 ist es ein Jahr der Veränderung und Transformation. Vieles, was für dich im vorhergehenden Zyklus funktionierte – deine berufliche Rolle, deine Beziehungen, deine Interessen, Werte und Glaubensvorstellungen –, ist ins Wanken geraten. Du wirst auf besondere Weise herausgefordert, eine neue Einstellung zu deinem Leben zu finden und auf andere Art an die Dinge heranzugehen. Das kann zu Veränderungen in Bezug auf deinen Wohnort, deine Beziehungen, deine Arbeit und deinen Lebensstil führen. Diese Veränderungen bahnen sich im 9er-Jahr an und werden immer offensichtlicher, wenn du ganz im Jahr 1 des neuen Zyklus angekommen bist.

Es kann deutliche äußere Veränderungen in einem 1er-Jahr geben oder auch nicht. Die größte Veränderung geschieht auf jeden Fall im Inneren. Dein Gefühl zu dir selbst, deinem Leben und deinen Beziehungen verändert sich und es kann sein, dass irgendwann Veränderungen im Außen notwendig werden. Es ist wichtig, diesen Wandel ernst zu nehmen.

Du wirst wahrscheinlich feststellen, dass Strukturen, die dich einschränken oder begrenzen, in den Jahren 8 und 9 allmählich zerfallen. Wenn du an diesen Strukturen festgehalten hast, als es für sie Zeit war, sich aufzulösen oder transformiert zu werden, kannst du viel Frustration oder sogar Schmerz erleben. Wenn die Form die Zeit ihrer Nützlichkeit überdauert, muss sie aufgegeben werden. Alte, auf Angst beruhende, einschränkende Gewohnheiten müssen losgelassen werden, damit Wachstum möglich wird.

Viele Menschen haben Angst vor Veränderung und halten hartnäckig an der Vergangenheit fest. Das verursacht Leiden. In den vergangenen beiden Jahren ging es darum, von Angst gesteuerte Sicherheitsstrukturen loszulassen, die du nicht mehr brauchst und die dein Leben und dein Wachstum erheblich einschränken. Hoffentlich ist dir das gelungen. Wenn nicht: Halte nicht weiter daran fest. Lass sie los, damit du in deinem Leben vorangehen kannst. Bring die neue Energie in dein Leben, damit es sich in eine positivere Richtung entwickeln kann.

Menschen, die festhalten, wenn es an der Zeit für Veränderung ist, können Ereignisse in der Außenwelt herbeiführen, die sie zur Veränderung zwingen, beispielsweise einen Unfall oder eine Gesundheitskrise. Vielleicht ist dir das schon passiert. Wenn nicht, achte auf das, was sich ändern muss, weil es sonst vielleicht das Leben für dich tut. Shiva, der Gott der Zerstörung, ist sehr gut darin, uns von einschränkenden Mustern zu befreien, an denen wir hängen. Er lässt die Erde beben und brennt Gebäude nieder. Dann müssen wir aufsteigen wie Phönix aus der Asche.

Warte nicht, bis das Feuer kommt. Lass jetzt los. Gib dir die Erlaubnis, dein Leben neu zu gestalten. Das ist es, wozu dich ein 1er-Jahr einlädt.

## Was du in einem 1er-Jahr nicht tun solltest

Setz dich nicht unter Druck, um Resultate zu erzielen oder produktiv zu sein. Nimm Druck heraus. Dies ist ein Jahr des Nährens und der Babyschritte, keines für den äußeren Erfolg.

Versuche nicht, alles festzulegen. Das ist jetzt nicht möglich. Erkunde, spiele, träume und nähre stattdessen deine Vision.

Vergeude keine Zeit damit, die Vergangenheit aufleben zu lassen. Das alte Selbst ist fort. Der Mensch, der du warst, ist verschwunden und ein neuer wird im Inneren geboren. Finde heraus, wer diese Person ist.

Sei nicht zu ernst oder pathetisch. Entdecke die Quelle der Freude in dir und fang an, aus diesem inneren Raum heraus zu leben.

Versuche nicht, ein »verantwortungsvoller« Erwachsener zu sein. In einem 1er-Jahr musst du Kind sein.

Du musst lernen zu sprechen und zu gehen und deinen eigenen Weg zu finden. Du bist nicht reif, um Lasten und Verantwortungen auf dich zu nehmen.

Versuche nicht, anderen zu gefallen. Du weißt nicht, wer du bist oder was du brauchst. Auf andere zu hören könnte zur Folge haben, dass du das Kind im Stich lässt, wenn es dich am meisten braucht.

Gib nicht vor, zu wissen, wenn du nichts weißt. Entspanne dich. Sei einfach neugierig, bereit zu lernen und die Dinge zu erforschen.

## Affirmationen für ein 1er-Jahr

❦ Wachstum geschieht von innen nach außen. Ich bin bereit, dem Kind in mir zu vertrauen, die Welt zu erforschen, ohne den Druck, produktiv sein zu müssen oder Ergebnisse zu erwarten.

❦ Ich erlaube dem Kind zu spielen, zu forschen und seine Freude zu entdecken.

❦ Ich habe Geduld mit mir und nehme mir Zeit, um das Kind dabei zu unterstützen, seine ersten kleinen Schritte zu machen.

❦ Ich gehe sanft und freundlich mit mir um und bitte andere um die Zeit und den Raum, den ich brauche, um meine neue Richtung im Leben zu finden.

❦ Ich stütze mich auf meine spirituelle Praxis, um in meiner Mitte zu bleiben und im Hier und Jetzt zu leben.

# Das 2er-Jahr

**Die 2er-Jahre:** Das erste 2er-Jahr beginnt nach dem 1. Geburtstag und währt bis zum 2. Geburtstag. Es wiederholt sich alle 9 Jahre (im Alter von 10–11, 19–20, 28–29, 37–38, 46–47, 55–56, 64–65 und 73–74).

**Das essenzielle 2er-Jahr:** 10–11

**Schlüsselwörter:** Lernen, studieren, analysieren, Informationen sammeln, Zusammenhänge erkennen, sich orientieren, planen, sich vorbereiten, konstruktives Feedback erhalten, weiterhin der inneren Führung vertrauen.

**Achtung:** Übermäßiges Analysieren kann zum Hindernis werden. Bleibe in Kontakt mit deiner Intuition, um dich innerlich im Gleichgewicht zu halten und deine schöpferische Energie weiterhin fließen zu lassen.

**Lektion:** Ein Plan ohne Gleichgewicht zwischen Herz und Verstand wird keine Früchte tragen.

**Im 2er-Jahr** geht es um studieren, planen, vorbereiten, forschen, üben, das Erlernen von Fähigkeiten und das Sammeln von Informationen, die du brauchst, um deine Vision entwickeln und anderen mitteilen zu können. In einem 2er-Jahr beginnst du deinen Weg zu planen und erforschst das Terrain für deine Reise. Du schaust dich nach Wahlmöglichkeiten um, analysierst Alternativen und verinnerlichst die Lernschritte der Vergangenheit, damit du frühere Fehler nicht wiederholst. Du musst deine Vision ernst nehmen und dich darauf vorbereiten, sie schließlich umzusetzen.

Du kannst andere um ihre Meinung bitten. Tu dies aber mit Bedacht, indem du nur diejenigen um Rat fragst, von denen ein konstruktiver und respektvoller Beitrag zu erwarten ist. Die schöpferische Idee oder Vision befindet sich noch in einem frühen Entwicklungsstadium, und negatives Feedback von anderen kann dich entmutigen oder sogar dazu führen, dass du zu früh aufgibst. Das bedeutet oft, dass du über deine Pläne schweigen und dich vor harter und unnötiger Kritik schützen musst. Andererseits musst du lernen und von anderen, die sachkundiger und erfahrener sind als du, Rat einholen, um gut vorbereitet zu sein.

In einem 2er-Jahr trennst du die Spreu vom Weizen. Du verbindest Analyse mit Intuition, um deinen weiteren Weg zu planen. Du schaust dir beide Seiten der Medaille an, vergleichst die eine mit der anderen, spielst verschiedene Möglichkeiten durch, akzeptierst und respektierst unterschiedliche Herangehensweisen und Perspektiven, während du allmählich herausfindest, was für dich funktioniert.

Im 2er-Jahr geht es darum, eine eindeutige Richtung zu finden. Um die Energie in die Welt bringen zu können, brauchst du eine klare Vision oder ein klares Ziel und einen sorgfältig geplanten Weg, um es zu erreichen. Während du der Route folgst, die du ausgearbeitet hast, kann es sein, dass die Richtung geändert oder angepasst werden muss. Hindernisse werden auftauchen, und du wirst sie entweder umgehen oder dich durchkämpfen müssen. Vielleicht war dein Zeitplan unrealistisch. Vielleicht musst du langsamer machen und dich den gegebenen Umständen anpassen.

Es mag Zeiten geben, in denen du erkennen musst, dass du für die bevorstehende Reise nicht ausreichend vorbereitet bist. Vielleicht brauchst du mehr Informationen, mehr Erfahrung und weiteres Feedback von kompetenten Menschen. Du musst dir die Zeit nehmen, zu lernen und die Lücken zu füllen, du musst dich den Herausforderungen stellen oder vorausblickend Hindernissen zuvorkommen, die auftreten könnten.

Prüfe die Situation, bevor du das Boot zu Wasser lässt. Baue erst ein Modell, bevor du etwas Neues probierst. Wäge verschiedene Möglichkeiten und Alternativen ab und werte sie aus. Betrachte die Dinge aus unterschiedlichen Perspektiven. Je mehr du weißt, bevor du zur Tat schreitest, desto größer ist die Wahrscheinlichkeit, dass du Erfolg haben wirst.

Vergiss nicht, dass es bei einem 2er-Jahr um Klarheit und Richtungsfindung geht, um die Vorbereitung auf die Reise. Möglicherweise startest du nicht vor deinem 3er-Jahr, aber du wirst bereit sein, wenn die Zeit zum Handeln naht.

## Was du in einem 2er-Jahr nicht tun solltest

Dränge nicht darauf, tätig zu werden oder zu manifestieren. Jetzt ist nicht die Zeit dafür. Dies ist eine Zeit, um Informationen zu sammeln und geistige Klarheit zu erlangen.

Suche nicht nach Anerkennung oder Bestätigung von anderen. Schütze deine Vision vor der Kritik anderer, die kein Verständnis dafür haben. Versuche lieber, von den Menschen ein sinnvolles Feedback zu bekommen, die deine Vision unterstützen und über mehr Wissen oder Erfahrung verfügen als du.

Versuche nicht, zu belehren oder zu predigen. Gib dich damit zufrieden, ein Anfänger zu sein. Du hast eine Menge zu lernen.

Scheue dich nicht, zu experimentieren und unterschiedliche Herangehensweisen auszuprobieren. Nutze deinen Verstand, um die Ergebnisse auszuwerten. Höre auf dein Herz, um herauszufinden, was sich für dich richtig anfühlt.

Mach dir keinen großen Druck. Dies ist keine Zeit des »Tuns« oder der Produktivität. Das wird später kommen.

Verliere dich andererseits auch nicht in Tagträumen. Es ist eine Zeit, in der es zu verstehen gilt, wie der Traum Realität werden kann.

Sei nicht faul. Mach deine Hausaufgaben. Geh zur Schule. Bereite dich aktiv vor, damit du bereit bist, zu handeln, wenn die Zeit dafür gekommen ist.

## Affirmationen für ein 2er-Jahr

- ❋ Ich nehme mir Zeit, um meine Vision weiterzuentwickeln und zu verstehen, was es braucht, damit sie sich manifestieren kann.
- ❋ Ich verstehe, dass dies keine Zeit zum Handeln, sondern eine Zeit der Vorbereitung ist.
- ❋ Es ist in Ordnung für mich, Anfänger(in) zu sein, und ich bin bereit, die Zeit und Energie zu investieren, um Infor-

mationen zu sammeln und die notwendigen Fähigkeiten zu erlangen.

❧ Ich weiß, dass mein wichtigstes Ziel in diesem Jahr darin besteht, zu innerer Klarheit zu gelangen und meine Richtung zu finden.

❧ Um das zu erreichen, unterlasse ich es, mir Druck zu machen, und hege keine großen Erwartungen auf unmittelbaren Erfolg.

❧ Ich habe Geduld mit mir und meinem kreativen Prozess.

❧ Ich nutze meinen Verstand, um die Möglichkeiten und Gelegenheiten auszuloten, die mir zur Verfügung stehen. Ich höre auf mein Herz und meine Intuition, um mich auf die Möglichkeiten einzustimmen, die meinem wahren Wesen entsprechen.

# Das 3er-Jahr

**Die 3er-Jahre:** Das erste 3er-Jahr beginnt mit dem 2. Geburtstag und dauert bis zum 3. Geburtstag. Es wiederholt sich alle 9 Jahre (im Alter von 11–12, 20–21, 29–30, 38–39, 47–48, 56–57, 65–66 und 74–75 Jahren).

**Das essenzielle 3er-Jahr:** 20–21

**Schlüsselwörter:** Beziehung, Synthese, Kommunikation, teilen, Beziehungen pflegen, Kooperation, Unterstützung geben und erhalten, Unterschiede akzeptieren, von anderen lernen, Kompromisse eingehen, Konfliktlösung.

**Achtung:** Beziehungen müssen auf Augenhöhe mit gegenseitiger Wertschätzung und Achtung geführt werden, um gegenseitige Unterstützung und eine kreative Synthese zu ermöglichen.

**Lektion:** Die Bedürfnisse und Wünsche des anderen sind ebenso wichtig wie die eigenen.

**Im 3er-Jahr** geht es darum, unterschiedliche Perspektiven zusammenzuführen und aktiv zu werden. Es ist das 1. Jahr, in dem du anfängst, deine Vision umzusetzen und sie in die Welt einzubringen. Im Laufe dieses Prozesses wirst du deine Vision anpassen müssen, um die Bedürfnisse und Wünsche von anderen zu berücksichtigen.

In einem 3er-Jahr knüpfst du aktiv Beziehungen und baust Verbindungen auf, die dir helfen voranzukommen. Gute Kommunikationsfähigkeit sowie die Fähigkeit und Bereitschaft, mit sehr unterschiedlichen Menschen zusammenzuwirken ist entscheidend. In einem 3er-Jahr geht es vor allem darum, sich mit anderen zu vernetzen und andere wissen zu lassen, wer du bist und was du zu geben hast.

Hab jetzt keine Angst davor, anderen deine Ziele und Absichten mitzuteilen, aber sei auch offen für die Vorstellungen der anderen, weil sie dir helfen könnten, die Dinge aus einer neuen und hilfreichen Perspektive zu sehen. Bisher hast du dich in einem schöpferischen Prozess von innen nach außen bewegt, in dem deine Vision Form annahm. Jetzt ist es hilfreich, die Dinge von außen zu betrachten, so wie andere sie betrachten könnten. Was auch immer du der Welt anbietest: Es muss für andere ansprechend und von Bedeutung sein. Du solltest dich also fragen, was andere davon haben.

In einem 3er-Jahr tritt häufig eine wichtige, neue Beziehung in unser Leben. Dieser Mensch (oder diese Menschen) könnte(n) mit dir auf persönlicher oder beruflicher Ebene zusammenarbeiten und dabei helfen, die zukünftige Richtung deines Lebens zu gestalten. Während das einerseits aufregend und stimmig ist, kann darin auch eine Herausforderung liegen, wenn beide Seiten mit unterschiedlichen Vorstellungen konfrontiert werden und Konflikte erleben. Mit anderen zusammenzuleben und/oder zusammenzuarbeiten setzt voraus, dass du ihre Vorstellungen und Erfahrungen akzeptierst und respektierst. Vielleicht musst du dich auf ihre Eigenarten einstellen – auch im Hinblick auf unterschiedliche Kommunikationsstile, Wertvorstellungen und Lebensrhythmen. Gleichzeitig müssen sie sich auf dich einstellen, da sonst keine kreative Synthese zustande kommen kann.

Beziehungen geben dir die Möglichkeit, als Mensch zu wachsen, anderen gegenüber ehrlich zu sein, zu lernen, klar zu kommunizieren, gesunde Grenzen zu setzen und geistige, emotionale und spirituelle Unterstützung zu geben und zu erhalten. Indem wir die Schatztruhe der Beziehung erkunden, können wir lernen, Mitgefühl für uns und andere zu entwickeln und zu verstehen, was es bedeutet, ein Mensch zu sein.

Es ist jedoch wichtig zu erkennen, dass die meisten Menschen nicht gelernt haben, sich selbst zu lieben, und sich nicht darüber im Klaren sind, was sie möchten. Oft projizieren wir unseren Mangel an Selbstwertgefühl auf andere, indem wir Urteile über sie fällen und auf die Urteile reagieren, die sie über uns fällen. Gegenseitige Projektion und mangelnde Kommunikationsfähigkeit lassen unsere Beziehungen oft entgleisen und bringen uns mehr Schmerz als Freude ein.

Um gesunde Beziehungen mit anderen aufbauen zu können, müssen wir bereit sein, uns selbst lieben zu lernen und unsere Muster des Selbstbetrugs zu erkennen. So können wir unsere Beziehungen von Schuldzuweisung und Beschämung befreien und lernen, Verantwortung für unsere eigenen Gedanken, Gefühle, Worte und Handlungen zu übernehmen.

Es versteht sich von selbst, dass das Mut und Bereitschaft von uns und unseren Partnern, Kindern und Kollegen oder Mitarbeitern erfordert. Beziehungen sind ein Schmelztiegel. Das falsche Selbst muss sterben, damit das wahre Selbst in jedem von uns zum Vorschein kommen kann. Die Entschlossenheit, sich selbst treu zu sein und anderen den Raum zu geben, das Gleiche zu tun, ist entscheidend.

In dem Maß, in dem das 3er-Jahr neue Beziehungen in dein Leben bringt, kannst du sicher sein, dass viele emotionale Herausforderungen auf dich zukommen werden. Es wird Gelegenheiten geben, zu verstehen und zu heilen, zu vergeben und die Wahrheit zu sagen. Wenn du das anstrebst, kann dies ein kraftvolles Jahr des psychischen und spirituellen Wachstums sein. Wenn nicht, kann es ein schwieriges und schmerzvolles Jahr sein.

Das Gute an einem 3er-Jahr ist, dass es neue Energie und Unterstützung in dein Leben bringt. Die Kehrseite der Medaille ist, dass innere Konflikte und schlechte Kommunikation deine Beziehungen sabotieren können und dann verhindern, dass die neue Energie auf eine Weise Gestalt annimmt, von der beide Seiten profitieren.

## Was du in einem 3er-Jahr nicht tun solltest

Isoliere dich nicht. Geh aus dir heraus und tu dich mit anderen zusammen. Stelle Verbindungen her, tausche dich mit anderen aus, führe Gespräche und knüpfe neue Beziehungen.

Versuche nicht, alles allein zu machen. Dies ist eine Zeit des Miteinanders und der Zusammenarbeit.

Bestehe vor allem nicht darauf, dass alles so gemacht wird, wie du es willst. Du musst lernen, anderen gut zuzuhören und ihre Werte, Bedürfnisse und Meinungen zu berücksichtigen.

Lüge nicht und erzähle anderen nicht, was sie deiner Meinung nach hören möchten. Kommuniziere ehrlich und offen, damit andere wissen, wo du stehst.

Enttäusche andere nicht, weiche Verpflichtungen nicht aus. Gib deinen Beziehungen die Zeit und Energie, die sie verdienen.

Lass nicht zu, dass Konflikte eine Beziehung zerstören. Löse entstehende Konflikte und versuche, die Vorstellungen und Erfahrungen des anderen zu verstehen und zu akzeptieren, auch wenn sie sich von deinen unterscheiden.

Projiziere nicht auf andere. Übernimm Verantwortung für deine Gedanken, Gefühle, Worte und Handlungen.

## Affirmationen für ein 3er-Jahr

❧ Ich vermittle anderen aktiv meine Vision.

❧ Ich wende mich anderen zu und baue neue Beziehungen auf.

❧ Ich bin authentisch und sorge dafür, dass ich gesehen und gehört werde.

❧ Ich höre anderen zu und akzeptiere, was für sie real und wahr ist.

❧ Ich bin bereit, mit anderen zusammenzuarbeiten. Ich bin bereit zu verhandeln.

❧ Ich verbessere meine Kommunikationsfähigkeit.

❧ Ich räume meinen Beziehungen Priorität ein.

❧ Ich bin ehrlich und zuverlässig.

❧ Ich lasse Eigennutz und begrenzte, persönliche Vorstellungen hinter mir, um Bereiche zu entdecken, wo ich mit anderen teilen und zusammenarbeiten kann.

# Das 4er-Jahr

**Die 4er-Jahre:** Das erste 4er-Jahr beginnt mit dem 3. Geburtstag und dauert bis zum 4. Geburtstag. Es wiederholt sich alle 9 Jahre (im Alter von 12–13, 21–22, 30–31, 39–40, 48–49, 57–58, 66–67 und 75–76).

**Das essenzielle 4er-Jahr:** 30–31

**Schlüsselwörter:** Praktische Durchführung, fokussierte Arbeit, eine Lebensbasis oder Struktur aufbauen, geerdet sein, Verantwortung übernehmen, Verpflichtungen eingehen, jeden Tag präsent sein, sich auf das Ziel zubewegen, die Vision umsetzen.

**Achtung:** Deine Träume können nicht wahr werden, wenn du nicht lernst, dich jeden Tag für dein Leben einzusetzen.

**Lektion:** Es gibt keine Ausreden mehr. Es ist an der Zeit, dass ich präsent bin und meinen Teil tue.

**Im 4er-Jahr** geht es um die aktive Umsetzung deiner Vision, darum, praktische, konkrete Schritte zu unternehmen, um die

Idee in der Welt zu manifestieren. Es geht darum, eine Form zu finden, die die neue Energie bündelt. Das kann bedeuten, dass du anfängst, ein Produkt herzustellen oder eine Dienstleistung anzubieten.

In einem 4er-Jahr baust du eine Struktur auf. Du wirst sesshaft und baust oder kaufst ein Haus oder eine Firma. Du legst dich auf eine Beziehung fest oder darauf, eine Familie zu haben. Du übernimmst Verantwortung. Nicht weil du musst, sondern weil du es willst und weil dich das Übernehmen von Verantwortung deinem Ziel näher bringt.

In einem 4er-Jahr wird dein Engagement konkret und greifbar. Du lernst, jeden Tag für deine Aufgabe oder Beziehung da zu sein. Du arbeitest hart und hast ein gutes Gefühl in Bezug auf das, was du erreichen kannst. Deshalb wirst du letztendlich Erfolg haben, obwohl es Herausforderungen oder Rückschläge auf dem Weg geben kann.

Auch diejenigen, die in ihrem Leben äußerst erfolgreich sind, haben Zeiten erlebt, in denen sie ihre Träume nicht verwirklichen konnten. Was sie aber von anderen unterscheidet, ist die Tatsache, dass sie nicht aufgegeben haben, wenn sie scheitern. Sie haben aus ihren Fehlern gelernt. Sie haben ihre Vision erneuert und es noch einmal versucht.

Dies ist ein Jahr, in dem du dich darauf konzentrierst, den physischen Herausforderungen des Lebens zu begegnen: Gesundheit und Wohlbefinden deines Körpers, Wohlergehen in deinem Beruf, deinen Beziehungen und deiner Familie. Es gibt nichts Esoterisches oder Wundersames an einem 4er-Jahr. Es ist ein Jahr intensiver, praktischer Arbeit, und die tägliche Routine hilft dir, fokussiert und in einem guten Rhythmus zu bleiben.

Nimm dir Zeit, um gut zu essen, gut zu schlafen, dich ausreichend zu bewegen und für deinen Körper zu sorgen, damit er all die Aufgaben, die du ihm abverlangst, erledigen kann, ohne sich zu erschöpfen. Haushalte mit deiner Energie, damit sie dir zur Verfügung steht, wenn du sie brauchst.

Produktiv zu sein setzt voraus, dass du sowohl körperlich als auch emotional auf eine ausgeglichene, disziplinierte Weise lebst. Vermeide zu viele Höhen und Tiefen, die Stress und Unruhe mit sich bringen.

Sei gemäßigt in Bezug auf das, was du sagst und tust. Übernimm dich nicht. Vergeude deine Zeit nicht mit Ablenkungen, die dir Energie rauben. Konzentriere dich auf das Wesentliche.

Ein diszipliniertes Leben ermöglicht es dir, produktiv zu sein und deine Ziele zu verwirklichen. Du wirst zufrieden erleben, wie dein schöpferischer Prozess in deinem Leben Früchte trägt. Das wird dein Selbstvertrauen stärken und deine Überzeugung, dass du alles tun kannst, wofür du dich mit Herz und Verstand einsetzt.

4er-Jahre sind gute Jahre, um Entscheidungen zu treffen und Verpflichtungen in Bezug auf Arbeit, Karriere, Beziehung und Familienleben einzugehen. Es sind die Jahre, in denen du Stabilität in dein Leben bringst.

## Was du in einem 4er-Jahr nicht tun solltest

Sei nicht untätig. Hänge nicht Tagträumen nach und sei nicht faul. Dies ist ein Jahr der Tat.

Denke und plane nicht über die Maßen. Spring in den Fluss und fang an zu schwimmen.

Versuche nicht, vollkommen zu sein. Wenn du perfekt sein willst, wirst du nie etwas zu Ende bringen.

Schiebe nichts auf. Wenn du Angst hast, mach kleine Schritte auf dein Ziel zu. Baue dein Selbstvertrauen durch kleine Erfolgserlebnisse auf.

Rede dich nicht heraus. Wenn du nicht daran glaubst, dass du es schaffen kannst, dann wirst du es nicht schaffen. Es ist kein anderer daran schuld oder dafür verantwortlich.

Halte dich nicht mit Kleinigkeiten auf, sondern behalte dein Ziel und die Belohnung im Blick.

Suhle dich nicht in deinen Fehlern. Lerne aus ihnen und vermeide es, künftig die gleichen Fehler zu wiederholen.

Gehe weder mit dir noch mit anderen hart ins Gericht. Übe dich darin, dir selbst und auch ihnen zu vergeben.

Gib nicht auf, nur weil du einen schlechten Tag oder eine schlechte Woche hast. Wenn etwas nicht funktioniert, versuche etwas anderes. Sei nicht starr oder eigensinnig. Passe dich den Gegebenheiten an.

## Affirmationen für ein 4er-Jahr

- ❧ Ich manifestiere aktiv meine Vision.
- ❧ Ich mache zunächst kleine Schritte, bis ich Vertrauen in mein Tun habe. Dann mache ich allmählich größere Schritte.
- ❧ Ich konzentriere mich jeweils auf eine Sache, damit ich nicht von all den Aufgaben überfordert bin, die ich erledigen muss.
- ❧ Ich lasse es ruhiger angehen, um nicht in Hektik zu verfallen, auszubrennen oder zusammenzubrechen.
- ❧ Ich sehe Hindernisse als Herausforderungen an, die überwunden werden wollen.

❧ Ich gebe nicht auf, wenn es schwierig wird. Ich halte durch. Ich lasse nicht locker. Ich bleibe präsent.

❧ Ich tue mein Bestes und weiß, dass es gut genug ist, auch wenn sich die Dinge nicht so entwickeln, wie ich es möchte.

❧ Ich tue, was getan werden muss. Ich bin bereit, mir die Hände schmutzig zu machen. Ich will keine Primadonna sein.

❧ Ich vergebe mir und lerne aus meinen Fehlern.

# Das 5er-Jahr

**Die 5er-Jahre:** Das erste 5er-Jahr beginnt mit dem 4. Geburtstag und währt bis zum 5. Geburtstag. Es wiederholt sich alle 9 Jahre (im Alter von 13–14, 22–23, 31–32, 40–41, 49–50, 58–59, 67–68 und 76–77 Jahren).

**Das essenzielle 5er-Jahr:** 40–41

**Schlüsselwörter:** Bewusstseinserweiterung, Grenzen überwinden, psychisches Wachstum, Weiterbildung, nach größerer Erkenntnis streben, Risiken eingehen, verschiedene Länder und Kulturen bereisen, falsche oder beschränkte Glaubensmuster hinter sich lassen, authentisch/einzigartig sein, die eigenen Talente und Gaben erforschen, Bildungsziele verfolgen, frei sein, um den Lebenssinn und -zweck zu ergründen, Spiritualität.

**Achtung:** Lass dich nicht von deinen Ängsten beherrschen. Verkauf dich nicht unter Wert. Finde dich nicht mit weniger ab, als du anstrebst.

**Lektion:** Ich muss Risiken eingehen und durch meine Ängste hindurchgehen, wenn ich Stagnation vermeiden will. Ich muss lernen, Denkmuster aufzubrechen.

**Im 5er-Jahr** geht es um Wachstum, Bewusstseinserweiterung, Selbstfindung, kreativen Ausdruck, unkonventionelles Denken, Reisen, Risiken, Experimentieren, das Aufbrechen von Denkmustern. Es geht darum, deine Lebensform oder -struktur weiterzuentwickeln, damit Wachstum stattfinden kann.

Während es in den vorhergehenden 4 Jahren darum ging, eine Form zu erschaffen, die deine Energie konsolidiert und in bestimmte Bahnen lenkt, ist dieses Jahr ganz anders. Im 5er-Jahr musst du über die Struktur hinauswachsen, die du im letzten Jahr erschaffen hast. Wenn du dir nicht die Zeit nimmst, um neue Wege zu erkunden und die Form zu erweitern, wirst du dich von ihr gehemmt und eingeschränkt fühlen; du wirst in einem selbst geschaffenen Gefängnis leben.

Das 5er-Jahr erinnert dich daran, dass du im Besitz des Schlüssels für die Gefängnistür bist und jederzeit nach draußen ins Licht gehen kannst. Der Schlüssel ist natürlich die Bereitschaft. Wir alle werden von unseren Ängsten und negativem Denken eingeschränkt. Wir alle bleiben zuweilen in den eingefahrenen Gleisen alter Muster stecken. Wir graben uns ein und dann fällt es uns schwer, uns wieder von den abträglichen Gewohnheiten zu befreien.

In einem 5er-Jahr besteht deine Herausforderung darin, frei zu werden, Risiken einzugehen und auf neue Art zu denken und zu sein. Von deiner Fähigkeit, dies zu tun, hängt in hohem Maße ab, wie erfolgreich du den derzeitigen 9-Jahres-Zyklus durchläufst.

Das 5er-Jahr ist die Mitte des 9-jährigen Zyklus. In den Jahren 1 bis 4 hast du gelernt, deine schöpferische Vision zu entwickeln, zu kommunizieren und zu manifestieren. Du hast eine Idee in die Welt gebracht und sie in der physischen Realität verankert. Das ist alles gut und schön, aber Ideen können nicht statisch bleiben, weil sie sonst verkümmern. Sie müssen wachsen und expandieren. Und weil der Inhalt zunimmt, muss sich auch die Form ausdehnen, um ihn aufnehmen zu können. Während du dich als menschliches Wesen individuell weiterentwickelst, muss sich deine Lebensstruktur verändern, um sich deinem Entwicklungsprozess anzupassen. Das kannst du dir so vorstellen: Wenn du ein Baby bist, trägst du Babykleidung. Dann wächst dein Körper und die Babykleidung passt nicht mehr. Du brauchst größere Hosen und Jacken. Was auf deinen Körper zutrifft, gilt auch für deinen Geist und deine Emotionen. Wenn du innerlich wächst, muss sich auch deine Vorstellungs-, Gefühls- und Erfahrungswelt ausdehnen. Die alte funktioniert nicht mehr.

5 ist ein Jahr des Wachstums; bleibe also nicht in alten Mustern stecken. Stütze dich nicht auf alte Vorstellungen und Verhaltensweisen. Routine und Struktur waren im vergangenen Jahr hilfreich, aber in diesem Jahr wirken sie einschränkend. Erweitere dein Bewusstsein, reise an einen neuen Ort, nimm Unterricht oder geh wieder zur Schule, nimm an einem spirituellen Retreat teil. Tu etwas, das dich fordert und dir zu neuer Energie, neuen Einsichten und Erfahrungen verhilft.

Wenn du dir Zeit für deine persönliche Weiterentwicklung nimmst, wirst du wissen, inwiefern sich dein Leben ändern muss, um sich an deine zunehmende Kreativität und dein Wachstum anzupassen. Lass deine kreativen Projekte nicht ins

Wasser fallen. Überquere das Wasser, mach dich zu neuen Ufern auf, und wenn du zurückkehrst, wirst du die Dinge mit neuen Augen sehen. Du wirst der alten Form neues Leben einhauchen.

Indem sich dein Bewusstsein erweitert, wirst du besser verstehen, wer du bist und wie du dich mit der Welt um dich herum authentisch verbinden kannst. Du wirst dich auf das einstimmen, was andere brauchen und was du freudig und voller Begeisterung teilen kannst.

Beim 5er-Jahr geht es um spirituelle Erneuerung. Es ist eine Zeit, in der du wachsen und dich verändern sollst. Wenn du dir die Zeit dafür nimmst, kehrst du als Beauftragter für den Wandel in die Welt zurück. Du bist dir nun im Klaren über deinen Lebenszweck und deine Richtung. Du weißt genauer, wo und wie du deine Energien einsetzen musst. Indem du dir jenseits der Welt und deiner familiären Strukturen Zeit nimmst, erkennst du, wie du als authentischer Mensch in der Welt sein kannst.

Als Jesus uns sagte, dass unsere Herausforderung darin besteht, »in der Welt«, aber nicht »von der Welt« zu sein, warnte er uns davor, uns von den Bedürfnissen anderer bestimmen zu lassen. Stattdessen müssen wir uns selbst kennen und abgrenzen, um auf andere ehrlich reagieren zu können und Wege zu finden, wie wir unsere Talente und Gaben mit denen teilen können, die sie brauchen. Das ist natürlich ein lebenslanger Prozess. Er ist nicht auf dieses Lebensjahr beschränkt. Aber in diesem Jahr ist er von größter Wichtigkeit. Es ist ein Jahr des Übergangs. Nutze diese Zeit gut, dann wirst du in dem aktuellen Zyklus in deine Kraft kommen und deinen Lebenszweck erkennen. Die Energie des Zyklus wird erneuert und verstärkt.

In den Jahren 6 und 7 wirst du dann sichtbarer für die Welt. Es ist eine Zeit des äußeren Erfolgs. Du wirst Grenzen überwinden und ein größeres Selbstvertrauen erlangen.

## Was du in einem 5er-Jahr nicht tun solltest

Verliere dich nicht in Einzelheiten, sonst siehst du den Wald vor lauter Bäumen nicht. Finde aus dem Wald heraus.

Begrenze dich nicht. Bleibe nicht in deinen alltäglichen Mustern und Routinen stecken.

Lass nicht dein Tun dein Sein bestimmen, sondern dein Sein dein Tun.

Sei nicht starr und lass nicht zu, dass dein Leben langweilig oder vorhersagbar ist.

Gehe Risiken ein.

Gib dich nicht mit weniger zufrieden als mit dem, was du anstrebst.

## Affirmationen für ein 5er-Jahr

- ❧ Ich nehme mir Zeit, um mein Bewusstsein zu erweitern.
- ❧ Ich bin bereit, außerhalb der üblichen Bahnen zu leben und zu denken.
- ❧ Ich bin bereit, Risiken einzugehen und Wachstum auf eine neue Weise zu erfahren.
- ❧ Ich bin bereit, mein Leben flexibler zu gestalten, damit ich weniger eingeschränkt bin.
- ❧ Ich bin bereit, mir für mein spirituelles Wachstum und mein Wohlergehen Zeit zu nehmen.

❦ Ich verfolge meine Ausbildungsziele und arbeite an meiner persönlichen Weiterentwicklung.

❦ Ich lerne, das Gesamtbild zu sehen, anstatt mich in den Details zu verlieren.

❦ Ich erforsche meine einzigartigen Talente und Begabungen.

# Das 6er-Jahr

**Die 6er-Jahre:** Das erste 6er-Jahr beginnt mit dem 5. Geburtstag und dauert bis zum 6. Geburtstag. Es wiederholt sich alle 9 Jahre (im Alter von 14–15, 23–24, 32–33, 41–42, 50–51, 59–60, 68–69 und 77–78).

**Das essenzielle 6er-Jahr:** 50–51

**Schlüsselwörter:** Soziale Kontakte und Unterstützung, Kernfamilie und erweiterte Familie, Gemeinschaften, Mitgefühl, Dienst an anderen, das Bedürfnis nach Zugehörigkeit und Akzeptanz, öffentliche Anerkennung, gesellschaftliches Image oder Maske, Auftritte, gesellschaftliche Umgangsformen und Verhaltensweisen, Sekten oder Cliquen, Anpassung an Normen; Beschäftigung mit Gesundheit, Schönheit und Harmonie, Öffentlichkeitsarbeit, Werbung, Marketing, soziale Medien.

**Achtung:** Suche die Gemeinschaft mit anderen, aber lass dich nicht von deinem Bedürfnis nach gesellschaftlicher Anerkennung dazu verleiten, dich Normen und Werten anzupassen, die du nicht teilst.

**Lektion:** Ich muss hinter das äußere Erscheinungsbild schauen und den Menschen hinter der Maske erkennen.

**Im 6er-Jahr** geht es darum, dich mit Menschen zu verbinden, die deine Werte, Überzeugungen und Interessen teilen. Das bezieht sich auch auf die Zugehörigkeit zu einer Kernfamilie, einer erweiterten Familie oder spirituellen Gemeinschaft.

Während es im Jahr 5 im Großen und Ganzen darum ging, deine persönlichen Überzeugungen herauszuarbeiten und neu zu definieren, dreht sich im 6er-Jahr alles darum, innerhalb einer Gruppe von Menschen Unterstützung und Bestätigung für diese Überzeugungen zu bekommen. Wie die meisten Menschen möchtest du etwas angehören, das größer ist als du. Du willst dich mit anderen verbinden und eine Erfahrung mit ihnen teilen.

Leider schließen sich Menschen manchmal auf eine Art und Weise zusammen, die andere ausschließt und den Mitgliedern dieser Gruppe das Gefühl gibt, privilegiert oder etwas Besonderes zu sein. Das kann zu rigiden oder harten sozialen Normen führen, so wie das bei vielen Sekten und manchen religiösen Gemeinschaften oder politischen Gruppen der Fall ist. Diese Gruppen nutzen die Ängste ihrer Mitglieder aus und stärken deren Ego, indem sie andere verdammen oder als weniger intelligent und nicht ebenbürtig ansehen. Solche Gruppen haben häufig einen charismatischen Führer, an den die Leute ihre Macht und oft auch ihr Geld abgeben.

Der negative Ausdruck der Suche nach Zugehörigkeit ist also die Anpassung an Gruppennormen auf Kosten der persönlichen Freiheit. Tatsächlich ist das Verlassen der Gruppe manchmal gar keine Option, denn der Preis für den Austritt sind soziale Ächtung und öffentliche Demütigung. In diesen

Gruppen ist es eine »Sünde«, anders zu sein. Dem eigenen Rhythmus und Herzen zu folgen ist nicht möglich.

Andererseits gibt es eine positive Art der Verbundenheit und der Erfüllung des Bedürfnisses nach Zugehörigkeit in Gruppen, die einbeziehend anstatt ausschließend sind. In einer solchen Gruppe schließt du dich vielleicht den Normen an, fühlst dich aber auch frei, zu widersprechen und du selbst zu sein.

Wenn Gruppen das Recht der einzelnen Mitglieder auf ihre eigene Meinung und Erfahrung respektieren, kann das Bedürfnis nach Zugehörigkeit gestillt werden, ohne dass die Einzelnen ihre Individualität und Freiheit dafür opfern müssen.

Natürlich unterscheiden sich die Menschen in Bezug auf das, was sie in einer Gruppenerfahrung brauchen, aber in einem 6er-Jahr geht es immer um die Spannung zwischen Freiheit und Anpassung. Manche haben ein größeres Bedürfnis nach Zugehörigkeit als nach Freiheit. Andere können sich keiner Gruppe anschließen, wenn sie nicht das Gefühl haben, sie selbst sein zu dürfen. Wo stehst du diesbezüglich? Was ist deine Erfahrung?

Ein anderer Aspekt des 6er-Jahres ist die Tendenz, bei anderen nur die gesellschaftliche Maske, das öffentliche Image oder die Rolle zu sehen, die sie spielen. Nur die äußere Erscheinung wahrzunehmen und nicht die Substanz, kann irreführend sein. Es kann leicht dazu führen, dass man »das Buch nur nach seinem Umschlag bewertet« und oberflächliche Urteile über andere fällt, die falsch und lieblos sind.

Das 6er-Jahr wird im öffentlichen Bereich gelebt. Du bist in deiner Gemeinschaft sichtbar. Andere kennen dich, zumindest oberflächlich. Das gibt dir das Gefühl, einen Platz zu haben und eingebunden zu sein.

In einem 6er-Jahr geht es außerdem auch um Mitgefühl und den Dienst an anderen. In spirituellen oder politischen Gruppen gibt es oft die Möglichkeit, ehrenamtlich zu arbeiten und anderen zu helfen, die bedürftig sind. Die große Offenbarung in einem 6er-Jahr ist, wie John Donne schrieb: »Kein Mensch ist eine Insel.« Du lebst nicht für dich allein, sondern auch für das Überleben, die Würde und das Wohlergehen anderer.

Rabbi Hillel fragte: »Wenn ich nur für mich selbst existiere, wer bin ich dann?« Wenn unser Leben andere nicht einbezieht und anderen nicht zugutekommt, ist es kein großzügiges oder spirituelles Leben. Aber Hillel fragte auch: »Wenn ich nicht für mich bin, wer ist dann für mich?« Man führt kein spirituelles Leben, indem man sein Bedürfnis nach individueller Verwirklichung ignoriert.

Zu den fortwährenden Herausforderungen im Leben gehört es, ein Gleichgewicht zwischen den Bedürfnissen des Individuums (durch die Zahl 5 repräsentiert) und den Bedürfnissen der Gruppe (durch die Zahl 6 repräsentiert) zu finden. Die Kunst besteht darin, nach Selbsterkenntnis zu streben und sich selbst treu zu bleiben, während man auf andere zugeht, um sich auszutauschen und den Mitmenschen durch Verständnis und Mitgefühl zu dienen.

Die Zahl 6 unterstreicht dein Bedürfnis nach gesellschaftlicher Anerkennung. Es kann sein, dass du versuchst, es anderen recht zu machen, um ihre Zustimmung zu bekommen. Du möchtest, dass andere dich mögen, und lernst, dich so zu verhalten, wie sie es sich von dir wünschen oder erwarten, auch wenn es vielleicht nicht ehrlich oder authentisch ist. Eine Maske zu tragen, um soziale Anerkennung zu erhalten, gehört zu den Verhaltensweisen, mit denen du dich selbst betrügen kannst. Es mag sein, dass du damit Erfolg hast, dass du wahrgenommen und geschätzt wirst, aber du lieferst anderen ein falsches Bild von dir. Vielleicht kannst du die Täuschung eine Zeit lang aufrechterhalten, aber letztendlich kannst du nicht jemand sein, der du nicht bist. Wenn du dich nicht mehr so darstellen kannst, wie andere es erwarten, sind sie enttäuscht und fühlen sich möglicherweise sogar von dir hintergangen.

In dieser Hinsicht musst du vorsichtig mit den Masken sein, die du trägst, und mit den Versprechen, die du machst. Wenn du andere verführst oder ihnen Versprechungen machst, die du nicht halten kannst, wirst du ihren Zorn ernten, nicht ihr Lob.

Weil es bei der Zahl 6 im Allgemeinen um öffentliche Anerkennung und Zustimmung geht, spiegelt sie auch wider, wen du als Vorbild wählst – Führungspersönlichkeiten, Sänger, Schauspieler, Helden des Sports und so weiter, die du bewunderst und denen du gleichen willst.

Die Gesundheits-, Unterhaltungs- und Werbeindustrie speist sich in erster Linie aus unserem kollektiven Bedürfnis, wie andere auszusehen und zu sein. Wir geben viel Geld für Diäten und Abnehmprogramme aus, für Schönheitsoperationen und eine ganze Reihe von Programmen und Produkten, die uns versprechen, dass wir mit ihrer Hilfe besser aussehen und uns besser fühlen können. Dann werden wir dazugehören, wir werden wahrgenommen und erhalten die Aufmerksamkeit und Anerkennung, nach der wir uns alle so sehr sehnen.

Der Wunsch nach Gesundheit, Schönheit und Harmonie in unserem Leben gehört zum Bereich der Zahl 6. Und ein 6er-Jahr führt häufig zu einiger Anstrengung deinerseits, dein Image zu verbessern, um wahrgenommen zu werden und andere anzuziehen.

Ehe und Familie sind ebenfalls ein wichtiger Teil des Bereichs der Zahl 6. Die Familie ist die elementare soziale Gemeinschaft innerhalb unserer Gesellschaft. In unseren Familien lernen wir, andere zu fördern und zu unterstützen. Wir stellen häufig unsere Bedürfnisse und Wünsche zurück, um unseren Partnern zu helfen oder damit unsere Kinder wachsen und gedeihen können. In diesem Sinne bilden unsere Familien das Fundament des sozialen Netzes, das wir in unserem Leben aufbauen. Durch sie lernen wir, in den größeren Gemeinschaften, in denen wir leben, zu teilen und anderen zu dienen.

Ein 6er-Jahr ist ein gutes Jahr für öffentliche Zeremonien wie Hochzeiten, Familienzusammenkünfte, Gemeinde- und Benefizveranstaltungen und so weiter. In einem 6er-Jahr tust du dein Bestes, dein Image steht auf dem Spiel. Weil du von der Öffentlichkeit wahrgenommen wirst, wirst du deinen Teil an Lob und Kritik erhalten und musst die innere Stärke und Integrität haben, um mit beidem umgehen zu können.

## Was du in einem 6er-Jahr nicht tun solltest

Sondere dich nicht ab. Pflege die Verbindungen zur Kernfamilie, zur erweiterten Familie, zu deiner Kirchengemeinde oder spirituellen Gruppe und anderen Gruppen, in denen du dich sicher und angenommen fühlst.

Lass dich nicht von Sekten oder Gruppierungen mit starker Tendenz zur Ausgrenzung und starren Normen verführen, die deine Freiheit einschränken, du selbst zu sein und deine eigene Meinung zu haben.

Lass dich nicht vom äußeren Schein hypnotisieren. Schau genauer hin. Erkenne den Menschen hinter der Rolle oder Maske.

Sei nicht unehrlich in deinem Versuch, Aufmerksamkeit und Anerkennung zu erhalten, bleibe authentisch.

Versuche nicht, anderen auf eine Art und Weise zu gefallen, die nicht mit deinem wahren Wesen übereinstimmt.

Sei nicht verführerisch oder unaufrichtig. Mach keine Versprechen, die du nicht halten kannst.

Sei nicht ichbezogen. Finde Gelegenheiten, anderen zu dienen, die bedürftig sind.

Stell dein Licht nicht unter den Scheffel und halte dich nicht zurück. Sorge dafür, dass du gesehen und gehört wirst.

Scheue dich nicht, den Menschen zu folgen, die du bewunderst und respektierst. Sei aber auch bereit, eine Führungsrolle zu spielen, wenn es sich ganz natürlich ergibt.

Sei nicht pathetisch oder allzu ernst. Nimm dir Zeit, um Spaß zu haben und Schönheit und Harmonie in all ihren Ausdrucksformen zu erleben.

## Affirmationen für ein 6er-Jahr

❧ Ich gehe auf andere zu und finde Gruppen, in denen ich mich sicher fühle und mein Bedürfnis nach Verbundenheit und Zugehörigkeit erfüllt wird.

❧ Ich halte nach Gruppen Ausschau, die andere einbeziehen und nicht ausgrenzen.

❧ Ich blicke über den äußeren Schein hinaus.

❧ Mir ist bewusst, dass mein Versuch, anderen zu gefallen, um deren Anerkennung zu erhalten, zu Selbstbetrug und/oder Verrat an anderen führen kann.

❧ Ich möchte mit Menschen zusammen sein, die meine Interessen und Werte teilen, ohne jene zu bewerten oder zu verurteilen, die anders sind.

❧ Ich kümmere mich um meine Familie.

❦ Ich bringe mich mehr in meiner Gemeinschaft ein.

❦ Ich übe mich in Mitgefühl und nehme Gelegenheiten wahr, anderen zu helfen und zu dienen.

# Das 7er-Jahr

**Die 7er-Jahre:** Das erste 7er-Jahr beginnt mit dem 6. Geburtstag und dauert bis zum 7. Geburtstag. Es wiederholt sich alle 9 Jahre (im Alter von 15–16, 24–25, 33–34, 42–43, 51–52, 60–61, 69–70 und 78–79).

**Das essenzielle 7er-Jahr:** 60–61

**Schlüsselwörter:** Erfolg, aktiver und authentischer kreativer Ausdruck, Vollendung, Führung, Meisterschaft; leisten, lehren; sich selbstbewusst und umfangreich mit anderen austauschen; Fülle, Wohlstand, Vertrauen, Spontaneität, Anmut; Aufmerksamkeit und Lob erhalten, öffentliche Bekanntheit oder Popularität.

**Achtung:** Du kannst die Bestätigung, nach der du dich sehnst, nicht erhalten, wenn du kein Vertrauen in dich und deinen Gestaltungsprozess hast.

**Lektion:** Es ist an der Zeit, dem Gefühl der Unsicherheit und Wertlosigkeit zu begegnen, die meinen Narzissmus, Perfektionismus und mein Kontrollbedürfnis schüren.

**Das 7er-Jahr:** Die Jahre 3 bis 7 sind die aktiven Jahre in deinem Zyklus. Mit harter Arbeit im Jahr 4, der Suche nach Sinn und Lebenszweck in Jahr 5 und dem öffentlichen Beitrag im Jahr 6 hast du den Grundstock für deinen Erfolg gelegt. Dein 7er-Jahr trägt folglich die Früchte, für die du dich angestrengt hast.

Es geht also um Erfolg und Meisterschaft. Dies ist das Jahr, in dem du glänzt und andere durch dein Beispiel inspirierst. Das geschieht ganz von selbst, wenn du Vertrauen in dich hast, wenn du deinem schöpferischen Entfaltungsprozess vertraust und die Gelegenheiten zum Selbstausdruck nutzt, die spontan in deinem Leben auftauchen.

Wenn es dir aber an Selbstvertrauen mangelt, du dem Prozess nicht vertraust und nicht durch die offenen Türen in deinem Leben gehst, kann es sein, dass du große Frustration und Traurigkeit empfindest. Es kann sein, dass der Erfolg ausbleibt und andere nicht verstehen oder wertschätzen, wer du bist und was du zu bieten hast.

Doch wenn du ehrlich zu dir bist, weißt du, dass das nicht anderer Leute Angelegenheit ist. Es ist deine. Du bist die Person, die deinen Erfolg blockiert.

Diejenigen, die sich im Jahr 7 abstrampeln, gehen mit einem großen Ego hinein und mit starren Vorstellungen davon, wie ihre Arbeit präsentiert und aufgenommen werden soll. Sie legen häufig perfektionistisches Denken und Verhalten an den Tag, weisen Gelegenheiten zurück, die ihre Arbeit sichtbar machen könnten, weil sie nicht glamourös genug sind oder das Honorar nicht hoch genug ist. Sie versuchen alles zu kontrollieren, und das setzt den kreativen Prozess außer Kraft und stoppt den spontanen Energiefluss von innen nach außen. Man könnte es auch so ausdrücken, dass sie nicht ihrem Herzen folgen, sondern im Kopf leben und versuchen, alles rational zu verstehen.

Sie haben oft eine arrogante Haltung und meinen, talentierter als andere zu sein. Diese »Überheblichkeit« verschleiert jedoch die Tatsache, dass sie sich anderen unterlegen fühlen und innerlich unsicher sind.

Ihr Mangel an Selbstwertgefühl und ihre emotionale Bedürftigkeit, die sie mit narzisstischem Verhalten kompensieren (»Hier geht es nur um mich!«), führt dazu, dass andere sich abwenden. Das Ergebnis ist, dass sie nicht das Lob und die Bestätigung von anderen erhalten, nach der sie sich so verzweifelt sehnen. In manchen Fällen kann es passieren, dass sie öffentliche Kritik oder sogar Demütigung erfahren.

All das würde sich umkehren, wenn sie sich selbst lieben und bejahen könnten und sich anderen Menschen authentisch mitteilen würden, ohne sich und andere im Hinblick auf die eigene »Performance« zu stark unter Druck zu setzen. Wenn sie kleine Schritte machten, würden sie Selbstvertrauen aufbauen und anfangen, ihrem schöpferischen Prozess zu vertrauen.

Perfektionismus und Ichbezogenheit sind die Totenglocke des kreativen Prozesses. Weil manche ihr Kontrollbedürfnis nicht loslassen, geschieht genau das, wovor sie sich am meisten fürchten: Sie erfahren Ablehnung und Missbilligung. Sie leben außerdem in einem Teufelskreis von Opferrolle, Mangel und Armutsbewusstsein. Weil sie für sich selbst keine Wertschätzung haben und nicht darauf vertrauen, dass das Universum sie führt, stoppen sie den Fluss der Fülle und erschaffen kontinuierlich eine Realität, in der sie nicht genügend Geld oder Ressourcen haben, um aufblühen zu können. Weil sie nicht das Gefühl haben, »zu genügen«, haben sie nie genug.

Die Zahl 7 führt in ihrem natürlichen Energiefluss spontan zur Fülle. Wenn du auf das vertraust, was du bist, und andere ungezwungen und authentisch daran teilhaben lässt, werden sie positiv oder gar begeistert darauf ansprechen. Du wirst zu den richtigen Zielgruppen und Orten für deine Arbeit geführt, auch wenn sie vielleicht nicht groß oder großartig sind. Weil deine Erwartungen bescheiden sind und du Dankbarkeit für jede Gelegenheit spürst, andere teilhaben zu lassen, machst du kleine, konkrete Schritte auf dein Ziel zu und baust dein Selbstvertrauen auf. Auf diese Weise kann die Zielgruppe für deine Arbeit stetig und organisch wachsen. Kleinere Erfolge führen zu größeren.

Das sind die Voraussetzungen für ein erfolgreiches und erfülltes Leben. Deine schöpferische Energie fließt ganz natürlich von dir zu anderen und du fühlst dich in deinem Selbstausdruck vom Universum unterstützt. Je dankbarer du für jede Gelegenheit bist, andere zu berühren, desto spürbarer wird diese universelle Unterstützung für dich. Ja, dein Leben beginnt sich wie ein Tanz oder eine Partnerschaft mit dem Göttlichen anzufühlen.

Im Jahr 7 schauen andere zu dir als einem Lehrer, einer Führungspersönlichkeit, einem Vorbild auf. Du lebst ihnen den freudvollen Erfolg vor, den sie in ihrem Leben auch erreichen können. Da deine Tasse voll ist, ist es nur natürlich, ihren Inhalt zu anderen fließen zu lassen. Indem sie dein Vertrauen ins Universum miterleben, lernen sie allmählich, ihre Versuche aufzugeben, den eigenen schöpferischen Gestaltungsprozess zu kontrollieren. Sie lernen, ihre ichbezogenen Vorstellungen abzulegen und sich nicht mehr im Wege zu stehen, sodass ihre Talente und Gaben zum Ausdruck kommen können.

Bei der Zahl 7 geht es darum, deine Begabungen auszudrücken und anderen zu helfen, dies ebenfalls zu tun. Es ist ein Prozess der Befähigung. Als Meister lebst du anderen vor, was sie tun und erreichen können. Du bläst dich weder auf noch machst du dich zu etwas Besonderem. Es gibt keinen Sonderstatus im Universum. Jeder ist der Liebe wert und jeder hat etwas, das er geben kann.

Manche Leute fordert das 7er-Jahr dazu heraus, zu verstehen, was nicht funktioniert hat, damit sie aus ihren Fehlern lernen können, ihr kontrollierendes Verhalten und ihre perfektionistische Herangehensweise korrigieren, sich in Selbstvergebung üben und an den grundlegenden Themen hinsichtlich ihres Selbstwerts arbeiten können. All das ist für einen Erfolg ihrer Ideen notwendig.

Diejenigen, die ein überbordendes Ego haben und voller Überheblichkeit sind, müssen vielleicht den einen oder anderen Dämpfer bekommen, um Demut zu lernen. Ichbezogenheit und Größenwahn führen kaum zu einem freudvollen Leben, in dem unsere Gaben und die anderer in Leichtigkeit gegeben und empfangen werden können.

## Was du in einem 7er-Jahr nicht tun solltest

Hab keine starren Erwartungen daran, wie dein kreativer Prozess von anderen aufgenommen wird. Lass deine Vorstellungen davon los, wie die Dinge deiner Meinung nach aussehen sollten, und vertraue dem Prozess.

Sei nicht perfektionistisch. Nutze die Gelegenheiten, die sich spontan ergeben, auch wenn sie vielleicht nicht dein Ego päppeln.

Schlag die Tür nicht zu. Wenn sie sich öffnet, bedeutet das, dass du durch sie hindurchgehen sollst.

Suche nicht nach Bestätigung von anderen. Lass andere teilhaben, weil es Freude macht und du es gern tust.

Setz dich nicht unter Druck, etwas leisten zu müssen, und setze andere nicht unter Druck, auf dich zu reagieren.

Sei keine Primadonna. Du bist nicht wichtiger als andere.

Sei kein Opfer. Bedauere dich nicht. Wenn andere dich oder deine Gaben nicht wertschätzen, bedeutet das, dass du bedürftig bist, ein Problem mit deinem Selbstwertgefühl hast oder nicht gelernt hast, dich selbst zu lieben und wertzuschätzen.

Lebe nicht im Mangel- und Armutsbewusstsein. Das Universum wird dich unterstützen, wenn du dem Prozess vertraust und lernst, in Dankbarkeit zu leben.

## Affirmationen für ein 7er-Jahr

- ❧ Ich habe Vertrauen in meinen kreativen Prozess und sage Ja zu den Gelegenheiten, andere wirklich daran teilhaben zu lassen.
- ❧ Ich gebe meine Erwartungen auf und zeige mich mit offenem Herzen.
- ❧ Ich vertraue auf meine Talente und Gaben und bringe sie freudig zum Ausdruck.
- ❧ Ich teile mich als ebenbürtig mit und nicht als jemand, der etwas Besonderes ist.
- ❧ Ich habe keine Angst davor, mein Licht leuchten zu lassen.
- ❧ Wenn ich strahle, inspiriere, erhebe und befähige ich andere.
- ❧ Ich gebe großzügig, ohne irgendwelche Bedingungen daran zu knüpfen oder zu erwarten, dass ich etwas zurückbekomme.

❀ Ich vertraue darauf, dass das Universum mich unterstützen wird, wenn ich mein Bestes tue.

❀ Ich lebe in Dankbarkeit.

❀ Ich lebe in der Fülle und weiß, dass genug für alle da ist.

# Das 8er-Jahr

**Die 8er-Jahre:** Das erste 8er-Jahr beginnt nach dem 7. Geburtstag und dauert bis zum 8. Geburtstag. Es wiederholt sich alle 9 Jahre (im Alter von 16–17, 25–26, 34–35, 43–44, 52–53, 61–62, 70–71 und 79–80).

**Das essenzielle 8er-Jahr:** 70–71

**Schlüsselwörter:** Psychische Umstellung, seine Lektionen gelernt haben, Korrektur, Heilung, Vergebung, Verlagerung der Energie von außen nach innen; Zeit, auszuruhen, wieder aufzutanken und mehr ins Gleichgewicht zu kommen; Schmerz als Weckruf, psychischer Tod und Wiedergeburt, Frieden finden und Versöhnung.

**Achtung:** Du wirst dich in einer heftigen, schmerzhaften Heilkrise wiederfinden, wenn du nicht die Botschaft beachtest, die ein Schmerz dir gesandt hat.

**Lektion:** Es ist an der Zeit für mich, zu heilen, zu vergeben und zu erkennen, wo mein Leben aus dem Gleichgewicht geraten ist.

**Das 8er-Jahr:** Nach den 7er-Jahren ist die aktive Phase des Zyklus beendet. In deinem 8. Jahr ändert deine Energie die Richtung und beginnt, sich nach innen zu wenden. Du nimmst dir Zeit, um über das zu reflektieren, was du erreicht hast, und um eine Perspektive zu finden. Du setzt dich mit den Fehlern auseinander, die du gemacht hast, und tust dein Bestes, um daraus zu lernen. Du erkennst, auf welche Weise du Dinge hättest anders machen können, um mehr Erfolg und weniger Stress zu haben. Du erkennst aber auch, dass du getan hast, was du konntest, mit dem Bewusstsein, das du zu der Zeit hattest, und vergibst dir selbst und anderen. Allmählich akzeptierst du die Lektionen, die in der aktiven Phase dieses Zyklus auf dich zugekommen sind, und versöhnst dich mit den Ergebnissen, die du erreicht hast.

Nachdem du dich aktiv in der Welt zum Ausdruck gebracht hast, siehst du nun, dass es an der Zeit ist, auszuruhen und wieder aufzutanken. Deine Tasse ist leer und muss jetzt wieder mit neuer Erkenntnis und neuer Energie gefüllt werden.

Ein 8er-Jahr ist oft eine Zeit, in der du eine Art Heilkrise durchmachst. Die Dinge müssen sich nach innen wenden, damit deine Energie wiederhergestellt werden kann und du mehr ins Gleichgewicht kommst. Ein wichtiger Aspekt des 8er-Jahres ist, sich die Zeit zu nehmen, um zu heilen und auszugleichen. Nachdem du anderen viel von dir gegeben hast, ist es nun notwendig, dir zu erlauben, die Fürsorge und Pflege zu bekommen, die du brauchst.

Beim Reflektieren über das Erreichte und deine Herausforderungen kann es sinnvoll sein, die Unterstützung eines Mentors oder Therapeuten zu haben, der dir aufmerksam zuhört und dir hilft, zu vergeben und deinen Frieden mit dir und anderen zu machen. Dies ist auch eine wunderbare Zeit, um an einem Retreat teilzunehmen oder aktiv eine spirituelle Praxis auszuüben.

Im Lauf eines 8er-Jahres nimmst du dir die Zeit, um deine Erfahrung in dein Leben zu integrieren. Deine äußeren Aktivitäten nehmen ab, damit du verinnerlichen kannst, was du gelernt hast. Das ist ein Prozess, der Geduld erfordert. Der Drang, zu handeln, Entscheidungen zu treffen oder mit deiner Energie nach außen zu gehen, ist kontraproduktiv und wird den Vorgang der Verinnerlichung behindern.

Manchen fällt es schwer, die Dinge langsamer angehen zu lassen und sich mehr Zeit für sich selbst zu nehmen. Um uns zu helfen, kann es sein, dass unsere Seele eine Erkrankung, einen Unfall oder ein lebensveränderndes Ereignis herbeiführt, das uns daran hindert, uns mit der Außenwelt zu beschäftigen, und uns dazu zwingt, eine Pause einzulegen und nach innen zu schauen. Während das betreffende Ereignis anfangs tragisch oder lebensbedrohlich erscheinen mag, können wir im Nachhinein erkennen, wie nötig es dennoch war, um unsere Aufmerksamkeit zu fokussieren und uns zu helfen, unser Leben neu auszurichten.

Die Themen psychischer Tod und Wiedergeburt sind ein wesentlicher Bestandteil von Jahr 8. Wenn die alten Gedankenmuster und Vorgehensweisen nicht freiwillig losgelassen werden, wenn der Heilungsbedarf nicht erkannt wird, kann es sein, dass eine Veränderung von außen auf uns zukommt. Das ist manchmal ein schmerzhafter Weg, um zu lernen, aber Schmerz bekommt unsere Aufmerksamkeit. Schmerz ist ein Weckruf, der uns sagt, dass wir aus dem Gleichgewicht geraten sind und sich etwas in uns verändern muss.

Dein Jahr 8 ist erfolgreich, wenn du die Notwendigkeit, zu heilen und wieder ins Gleichgewicht zu kommen, bewusst bejahen kannst und wenn du dir die Zeit nimmst, nach innen zu gehen und die psychischen Anpassungen vorzunehmen, die für deine Gesundheit und dein Wohlergehen erforderlich sind. Bescheiden zu sein und erfahrene Ärzte oder andere Heilkundige um Hilfe zu bitten, kann viel zu deinem Erfolg beitragen.

Dies ist keine Zeit, in der du alles allein machen musst. Hilfe ist vorhanden, und du brauchst Fürsorge und Unterstützung. Andererseits wird niemand mit dem Zauberstab wedeln und dich heilen. Heilung geschieht von innen nach außen, wenn du bereit und gewillt bist. Andere können dir bei deinem Heilungsprozess beistehen, aber sie können ihn nicht für dich tun.

Heilung und Aussöhnung in einem 8er-Jahr machen es dir im Jahr 9 wesentlich leichter, in dem ansteht, dich von Vergangenem zu lösen und für die Energie des neuen Zyklus zu öffnen.

## Was du in einem 8er-Jahr nicht tun solltest

Versuche nicht, dich aktiv in der Welt zu engagieren. Dies ist eine Zeit, in der sich die Ausrichtung deiner Energie ändern und nach innen bewegen muss.

Stürze nicht los wie Don Quijote, um gegen Windmühlen zu kämpfen und Jungfrauen in Not zu erretten. Kehre nach Hause zurück und heile deine Wunden.

Versuche nicht, deinen Schmerz mit Substanzen zu unterdrücken oder vor ihm zu fliehen. Schmerz ist ein Botschafter, der gehört werden muss.

Übergehe deine Heilkrise nicht. Nimm dir Zeit, um innezuhalten, dein Leben wieder ins Gleichgewicht zu bringen und neu auszurichten.

Widersetze dich nicht den Lektionen, die das Leben an dich heranführt. Es ist an der Zeit, deine Fehler einzusehen und aus ihnen zu lernen.

Versuche nicht, dein in Teile zersprungenes Leben wieder zusammenzuflicken. Lass das alte Leben sterben, damit ein neues entstehen kann.

Bestehe nicht darauf, dich selbst zu heilen. Such dir die Hilfe, die du brauchst. Mach weder dir noch anderen Vorwürfe. Übe dich in Vergebung und finde zu Frieden und Versöhnung.

## Affirmationen für ein 8er-Jahr

- ❦ Ich bin bereit, die Dinge langsamer angehen zu lassen, innezuhalten und mir Zeit für Einsicht und Besinnung zu nehmen.
- ❦ Ich nehme mir Zeit, um zu verinnerlichen, was geschehen ist und was ich in den vergangenen 7 Jahren gelernt habe.
- ❦ Ich stelle mich den Lektionen, die das Leben mit sich bringt.
- ❦ Ich fühle meinen Schmerz und beachte die Botschaft, die er mit sich bringt.
- ❦ Ich öffne mich für die Veränderung, die in mir erfolgen muss, damit ich ein ausgeglicheneres Leben führen kann.
- ❦ Ich bin offen dafür, Hilfe von qualifizierten Heilkundigen zu bekommen.
- ❦ Ich bin mit der Vergangenheit versöhnt und bereit, sie loszulassen.
- ❦ Ich widme mich intensiv meiner spirituellen Praxis.

# Das 9er-Jahr

**Die 9er-Jahre:** Das erste 9er-Jahr beginnt mit dem 8. Geburtstag und dauert bis zum 9. Geburtstag. Es wiederholt sich alle 9 Jahre (im Alter von 17–18, 26–27, 35–36, 44–45, 53–54, 62–63, 71–72 und 80–81).

**Das essenzielle 9er-Jahr:** 80–81

**Schlüsselwörter:** Vervollständigung, Ablösung, Loslassen, sich von den weltlichen Angelegenheiten zurückziehen; sich in einen Kokon oder in eine Erfahrung wie in der Gebärmutter hineinbegeben, bereit, wiedergeboren zu werden. Die letzten 9 Monate dieses Jahres beinhalten das Jahr 0.

**Achtung:** Wenn du dich innerlich und äußerlich nicht löst, wird dein Festhalten an der Vergangenheit verhindern, dass neue Energie in dein Leben kommt.

**Lektion:** Mit dem Bewusstseinsstand, den ich hatte, habe ich mein Bestes getan. Kein Bedauern. Ich muss annehmen, was geschehen ist, mir vergeben und loslassen.

**In den 9er-Jahren** geht es um Vervollständigung, Ablösung und das Loslassen. Dich immer wieder in Vergebung zu üben hilft dir, die Vergangenheit hinter dir zu lassen und zu einem Zustand der Stille zu finden, in dem sich Denken und Handeln verlangsamen. In einem 9er-Jahr schließt du Frieden mit allem, was im zu Ende gehenden Zyklus geschehen ist, und machst reinen Tisch, um für neue Erfahrungen in deinem kommenden 1er-Jahr bereit zu sein.

Ein 9er-Jahr eignet sich nicht für äußere Aktivitäten und Interessen. Viele, die in ein 9er-Jahr eintreten, verstehen nicht, warum ihnen die Motivation fehlt, irgendetwas zu tun. Sie möchten in den Augen anderer nicht faul oder verantwortungslos erscheinen, also versuchen sie häufig, alle ihre weltlichen Aktivitäten aufrechtzuerhalten, auch wenn sie wenig Energie dafür haben. Sie drehen sich weiter im Hamsterrad und verbrauchen viel Energie, was zu nichts führt. Sie können sehr frustriert sein.

Gib acht, dass dir das nicht passiert. Du musst verstehen, dass dies keine Zeit ist, in der du neue Verpflichtungen eingehen oder dich auf äußere Aktivitäten einlassen solltest. Du bist wie ein Bär, der seinen Winterschlaf hält, du wendest dich nach innen, um dich mit der Vergangenheit zu versöhnen und zu regenerieren.

Die Energie ist im 9er-Jahr nach innen gewandt, zurückhaltend und von den Ablenkungen der Außenwelt abgeschottet. Es kann natürlich sein, dass du Angst hast, dass dieser Schwebezustand für immer andauern wird und du niemals wieder aus deiner Höhle in die Welt zurückkehren wirst. Wenn du jedoch die Zyklen verstehst, lernst du, geduldig zu sein und abzuwarten, in der Gewissheit, dass die Zeit der Wiedergeburt kommen wird, wenn du dafür bereit bist.

Das Alte muss sterben, damit das Neue entstehen kann. Du hast in deinem 8er-Jahr den Anfang dieses Tod- und Wiedergeburtsthemas erlebt. Was dein Leben in den vorangegangenen 8 Jahren ausgemacht hat, ist nun von dir abgefallen. Du bist wie eine Tasse, die geleert wurde, oder wie ein Feld, das brach liegt und nicht vor dem nächsten Jahr bepflanzt wird.

Unserem Ego fällt es sehr schwer, sich auf diese Zeit des Ruhens und Wartens einzustellen. Wir Menschen definieren uns über das, was wir tun, und über die Rollen, die wir spielen. Wenn uns diese Rollen genommen werden, fühlen wir uns unwohl, nackt und bloßgestellt. Deshalb ist spirituelle Praxis in einem 9er-Jahr entscheidend.

In den ersten 3 Monaten dieses Jahres geht es darum, die Vergangenheit loszulassen. Die letzten 9 Monate des 9er-Jahres entsprechen dem Jahr 0; sie symbolisieren die Erfahrung der 9 Monate im Mutterleib von der Empfängnis bis zur Geburt.

Eine weitere Metapher für das Jahr 0 ist der Kokon, in den sich die Raupe verpuppt, wenn es Zeit für sie ist, Flügel wachsen zu lassen und zum Schmetterling zu werden. Ihre Zeit als emsiges, vielbeiniges Wesen, das sich langsam auf der Erde bewegt, ist nun zu Ende. Wenn sie aus der Verpuppung schlüpft, ist sie eine völlig andere geworden. Sie muss nun lernen, ihre Flügel auszubreiten und zu fliegen. Im Jahr 0 geht es vor allem um die Transformation des Bewusstseins. Wir bewegen uns von einem eingeschränkten Zustand in einen weniger eingeschränkten. Während sich die Energie in uns ausdehnt, nehmen wir eine Gestalt und Struktur an, die weniger begrenzend ist und uns eine neue Freiheit und Fähigkeit verleiht, die Welt zu erkunden. Es ist fast so, als entwickelten wir uns in einen neuen Körper hinein, weshalb die Metapher mit der Raupe und dem Schmetterling so treffend ist.

Die Gefahr, die dir in einem 9er-Jahr begegnet, besteht darin, dass du die Transformation nicht zulässt; dass du an der alten Definition deiner selbst festhältst oder das, was geschehen ist, bedauerst; dass du in der Vergangenheit stecken bleibst und dich unfähig fühlst, dir und anderen zu vergeben; dass du emotional in der Energie des alten Zyklus verbleibst und es schwierig findest, loszulassen oder dich hinzugeben.

Wie dem auch sei: Der Wandel wird kommen, ob du willst oder nicht.

Du wirst entweder mit deiner Seele kooperieren, die das Bedürfnis hat, zu wachsen und sich zu transformieren, oder dich dem Unvermeidlichen widersetzen, was zu unnötigem Schmerz und Kampf in deinem Leben führt. Eine Raupe, die versuchen würde, sich wieder aus dem Kokon zurückzuziehen, würde zu einer klebrigen Masse. Es ist unmöglich, in die Vergangenheit zurückzukehren. Sie muss also durch den Kokon hindurch – das ist der einzige Weg.

Du hast nicht die Wahl, ob du sterben und wiedergeboren werden willst. Tod und Wiedergeburt sind unvermeidliche Aspekte des Lebens. Deine einzige Wahlmöglichkeit besteht darin, dich dem Wandel zu widersetzen oder zu lernen, dich ihm hinzugeben.

Ein 9er-Jahr ist eine Zeit, um wieder in die Stille zu gehen und auf die innere Führung zu hören. Es ist kein Jahr des Handelns, sondern des Nichthandelns und der Besinnung. Es ist ein Jahr, in dem das alte Selbst stirbt und das neue sich auf seine Geburt vorbereitet. Je mehr du in der Lage bist, loszulassen und dem Transformationsprozess zu vertrauen, desto leichter kann sich die Energie des neuen Zyklus in deinem Leben manifestieren.

# Was du in einem 9er-Jahr nicht tun solltest

Halte dich nicht damit auf, Vergangenes zu bedauern. Nimm an, was geschehen ist. Vergib und lass los.

Halte nicht an der Vergangenheit fest und widersetze dich nicht der Veränderung. Das würde dich nur entmutigen und deine Transformation verzögern.

Versuche nicht, dein altes Leben beizubehalten. Es hat seinen Dienst getan und seinen Zweck erfüllt. Lass es los.

Hab keine Angst davor, mit dir allein zu sein. Das ist es, was jetzt ansteht.

Verurteile dich nicht dafür, dass du untätig bist oder eine Pause von den weltlichen Angelegenheiten brauchst. Das ist in einem 9er-Jahr angemessen und natürlich.

Halte nicht Ausschau danach, was du tun oder wohin du gehen könntest. Es gibt nichts zu tun und keinen Ort, an den du gehen musst.

Hab keine Angst vor der Stille. Sie ist dein Geburtsraum.

Verurteile deine Leere nicht. Komm nackt, leer und ohne Erwartungen zu Gott.

## Affirmationen für ein 9er-Jahr

- ❦ Ich bin bereit, die Vergangenheit loszulassen und in der Gegenwart zu leben.
- ❦ Ich widme mich meiner spirituellen Praxis.
- ❦ Ich verstehe, dass das alte Selbst stirbt und das neue Selbst geboren wird. Ich habe Geduld mit mir, während ich diesen Prozess durchlaufe.
- ❦ Ich bin gewillt, die weltlichen Angelegenheiten eine Zeit

lang hinter mir zu lassen und den inneren Tempel zu betreten.

❧ Ich weiß, dass es nichts zu tun gibt und keinen anderen Ort, an den ich gehen müsste.

❧ Ich wehre mich nicht gegen Veränderung, sondern lasse zu, dass sie sich ganz natürlich und zu ihrer Zeit entfaltet.

❧ Ich begreife, dass ich über alte und beschränkende Muster hinausgehe und allmählich ein Leben entstehen lasse, das mir mehr Freiheit lässt, ich selbst zu sein.

# Unterschiede und Kontinuität

## Der Unterschied zwischen
## einem 1er-Jahr und einem 2er-Jahr

Im 1er-Jahr entwickelst du in erster Linie dich selbst und deine Vision. Du agierst auf eine Weise, die die neue Energie schützt, bist mit dir selbst beschäftigt und auf dich bezogen. Du verlangst nicht nach Feedback von anderen und vergleichst dich nicht mit ihnen. In einem 2er-Jahr beginnst du dann deine Ideen und Vorstellungen mit den Ideen und Vorstellungen anderer zu vergleichen, indem du die Unterschiede wahrnimmst und analysierst. Dies hilft dir, deine Vision weiterzuentwickeln und dich gegenüber anderen abzugrenzen. Im 2er-Jahr wünschst du dir vielleicht Rückmeldung von anderen und sammelst die Informationen, die du brauchst, damit deine Ideen realisierbar werden und für andere Sinn machen.

# Wie ein 3er-Jahr auf einem 2er-Jahr aufbaut

In einem 2er-Jahr schaust du auf das, was andere machen, entwickelst deine Vision weiter und wirst dir klar über deine Richtung. In einem 3er-Jahr fängst du damit an, diese Vision aktiv nach außen zu tragen und andere an ihr teilhaben zu lassen. Du baust Verbindungen auf und knüpfst Beziehungen, die dir helfen können, deine Vision in der Welt umzusetzen. Während ein 2er-Jahr dir dabei hilft, die Zusammenhänge um dich herum zu verstehen, ist es nicht im eigentlichen Sinne ein Jahr der Aktivität. Ein 3er-Jahr ist hingegen eindeutig ein Jahr der Tat. Es ist das 1. Jahr im Zyklus, in dem sich deine Energie wirklich nach außen bewegt.

# Der Unterschied zwischen einem 3er-Jahr und einem 4er-Jahr

In einem 3er-Jahr vermittelst du anderen aktiv, wer du bist, was du über sie denkst und für sie empfindest. Du pflegst Beziehungen und baust dir ein Netzwerk auf. Du tust das in einem großen Umkreis und untersuchst alle Verbindungen, die dir zur Verfügung stehen. In einem 4er-Jahr grenzt du deinen Fokus ein und triffst Entscheidungen. Du baust ein Fundament und eine Lebensstruktur auf. In diesem Sinne hast du dich schon für die Form, die deine Vision annimmt, entschieden, während du sie in der Welt umsetzt.

Ein 3er-Jahr könnte man mit der Zeit vergleichen, in der man Verabredungen trifft und mit anderen ausgeht, um eine neue Beziehung zu finden. Ein 4er-Jahr kann mit einer Heirat oder verbindlichen Partnerschaft verglichen werden. Im 3er-Jahr untersuchst du unterschiedliche Formen und Wahlmöglichkeiten. In einem 4er-Jahr hast du die Form gefunden, die am besten passt. Du hast deine Wahl getroffen und setzt dich dafür ein.

## Wie ein 5er-Jahr auf einem 4er-Jahr aufbaut

Im 4er-Jahr hast du deine Vision in der physischen Realität verankert. Fleiß und Sorgfalt gaben deiner Vision eine Form; Disziplin und Durchhaltevermögen sorgten für Funktionalität. In einem 4er-Jahr besteht aber immer die Tendenz, sich in Details zu verlieren und außerstande zu sein, einen Schritt zurückzutreten und das Gesamtbild zu erkennen. In einem 5er-Jahr tust du das und schaust dir an, was du hervorgebracht hast. Du siehst die Form als Ganzes und erkennst, wie du sie öffnen kannst, damit sie nicht begrenzend oder einschränkend ist. 5er-Jahre sind Jahre des Wachstums und der Expansion. Sie geben der Struktur, die du erschaffen hast, größere Flexibilität und hauchen ihr neues Leben ein.

## Der Unterschied zwischen einem 5er-Jahr und einem 6er-Jahr

In einem 5er-Jahr erweiterst du die Form, um nicht von ihr eingeschränkt zu werden. Du gehst Risiken ein, erforschst neue Wege und Möglichkeiten, die die Verpflichtungen, die du eingegangen bist, mit neuem Leben und neuer Energie erfüllen. Du nimmst dir die Freiheit, zu sondieren, dein Bewusstsein zu erweitern und das herauszuarbeiten, was dich unverwechselbar macht.

In einem 6er-Jahr findest du Wege, dein persönliches Wachstum in deine Familienstruktur und das Leben in deiner Gemeinde zu integrieren. Soweit du gewissen Rollen und Beziehungen entwachsen bist, die dir Unterstützung und ein soziales Umfeld boten, suchst du jetzt nach neuen Gemeinschaften, die mehr in Einklang mit dem Menschen sind, zu dem du herangewachsen bist.

Im 5er-Jahr geht es »nur um mich und meine spezifischen Bedürfnisse«. Im 6er-Jahr geht es vor allem darum, »wie ich mich einfüge und auf die Bedürfnisse der Menschen eingehen kann, die mein Leben teilen«. Das Jahr 5 steht für Freiheit und persönliches Wachstum. Das 6er-Jahr dreht sich um soziale Verantwortung und Zugehörigkeit.

## Wie ein 7er-Jahr auf einem 6er-Jahr aufbaut

In einem 6er-Jahr sorgst du für Harmonie und Gemeinschaft mit anderen, die deine Interessen und Werte teilen. Du baust eine unterstützende Struktur auf, ein Netzwerk von Freunden und Kollegen, die deine Arbeit verstehen und fördern. Das gibt dir die Präsenz, die du brauchst, um deine Arbeit mit Kraft und Enthusiasmus voranzubringen.

In einem 7er-Jahr findest du das richtige Publikum und beginnst, dich zuversichtlich und vertrauensvoll mit andern auszutauschen. Du fängst an, dein Licht vorbehaltlos leuchten zu lassen.

# Der Unterschied zwischen einem 7er-Jahr und einem 8er-Jahr

In einem 7er-Jahr geht es um deinen aktiven Selbstausdruck in der Welt. Deine Tasse ist bis zum Rand gefüllt. Deine Kreativität steht in voller Blüte und du bewegst dich mit Selbstvertrauen voran. Das ist ein Jahr, in dem du dein Licht leuchten lässt und andere dich wahrnehmen und anerkennen.

In einem 8er-Jahr verlagert sich deine Energie nach innen, und du lernst allmählich die Lektionen, die sich aus den aktiven Jahren deines Zyklus ergeben (Jahre 3 bis 7). Vielleicht hast du Grenzen überschritten und bist anderen auf den Schlips getreten. Nicht jeder war von all deinen Aktivitäten positiv berührt, und du brauchst Zeit, um aus deinen Fehlern zu lernen und dir eventuelle Übergriffe zu vergeben.

Unabhängig davon, wie viel Erfolg dir dein 7er-Jahr beschert hat, können manche Aspekte deines Lebens aus dem Gleichgewicht geraten sein, und du musst dir Zeit nehmen, um zu heilen und wieder zur Harmonie zu finden.

Deine Tasse ist jetzt fast leer, und der Versuch, zu geben und dich um andere zu kümmern, ist kontraproduktiv. Das ist eine Zeit, in der du ausruhst, Kraft tankst, versöhnst und vergibst.

## Wie ein 9er-Jahr auf einem 8er-Jahr aufbaut

In einem 8er-Jahr beginnen sich deine Energien und deine Aufmerksamkeit, nach innen zu bewegen. Du erfährst Heilung, vergibst und kommst wieder ins Gleichgewicht. Das bereitet dich auf das Loslassen vor, das in deinem 9er-Jahr ansteht, wenn du die Vergangenheit hinter dir lässt, dich schrittweise von deinen weltlichen Angelegenheiten zurückziehst und dich darauf vorbereitest, eine neue Energie und Vision in dir entstehen zu lassen.

## Der Unterschied zwischen einem 9er-Jahr und einem 1er-Jahr

In einem 9er-Jahr beginnst du dich von dem Drama des vorhergehenden Zyklus zu lösen. Du lässt die Vergangenheit los, damit du Raum für die neue Energie schaffen kannst, die in dein Leben kommen möchte. Das ist keine Zeit des Handelns, sondern eine, in der du vom Handeln Abstand nimmst. Du ziehst dich von den weltlichen Dingen zurück, um einen geschützten Raum zu finden, in dem du zulassen kannst, dass das Vergangene geht und das Neue entstehen kann. Dies trifft insbesondere auf die letzten 9 Monate des 9. Jahres zu (das Jahr 0).

In einem 1er-Jahr ist die alte Energie verflogen und die neue hereingekommen. Sie ist unbekannt und unschuldig wie ein Baby, und du musst sie willkommen heißen und nähren. Allmählich kommst du in Kontakt mit deinem Wesen und fängst an, kleine Schritte zurück in die Welt zu machen. Während es im Jahr 9 um Loslösung und Rückzug von der Welt geht, geht es im Jahr 1 um die langsame, allmähliche Wiederannäherung an die Außenwelt.

## Die 9 9-Jahres-Zyklen

| 1 | 2 | 3 | 4 | 5 | 6 | 7 | 8 | 9 |
|---|---|---|---|---|---|---|---|---|
| 0–1 | 1–2 | 2–3 | 3–4 | 4–5 | 5–6 | 6–7 | 7–8 | 8–9 |
| 9–10 | 10–11 | 11–12 | 12–13 | 13–14 | 14–15 | 15–16 | 16–17 | 17–18 |
| 18–19 | 19–20 | 20–21 | 21–22 | 22–23 | 23–24 | 24–25 | 25–26 | 26–27 |
| 27–28 | 28–29 | 29–30 | 30–31 | 31–32 | 32–33 | 33–34 | 34–35 | 35–36 |
| 36–37 | 37–38 | 38–39 | 39–40 | 40–41 | 41–42 | 42–43 | 43–44 | 44–45 |
| 45–46 | 46–47 | 47–48 | 48–49 | 49–50 | 50–51 | 51–52 | 52–53 | 53–54 |
| 54–55 | 55–56 | 56–57 | 57–58 | 58–59 | 59–60 | 60–61 | 61–62 | 62–63 |
| 63–64 | 64–65 | 65–66 | 66–67 | 67–68 | 68–69 | 69–70 | 70–71 | 71–72 |
| 72–73 | 73–74 | 74–75 | 75–76 | 76–77 | 77–78 | 78–79 | 79–80 | 80–81 |

Die grau hinterlegten sind die essenziellen Jahre.

# Teil III

# Von der Geburt bis zum 81. Lebensjahr

# Eine Vorbemerkung

Die Bedeutung aller 81 Jahre in 9 Zyklen von jeweils 9 Jahren zu beschreiben ist eine gigantische Aufgabe. Es ist schlicht unmöglich, alle psychischen Themen zu erfassen, die in jedem Lebensjahr aufkommen können. Deshalb präsentiere ich diese Beschreibungen unter dem Vorbehalt, dass sie unmöglich der Vielschichtigkeit deines Lebens oder des Lebens anderer Menschen gerecht werden können. Bitte betrachte jede Darstellung als einen Fingerzeig in Richtung Wahrheit und nicht als die Wahrheit an sich. Wenn du mit deinem Verständnis von jedem der 9 Prinzipien herangehst, wie sie in Teil II dieses Buches vorgestellt werden, sowie deinem Gespür für das, was in deinem Leben vor sich geht, wirst du in der Lage sein, das Gesamtbild zu erkennen.

Wenn du die Beschreibung aber nur liest und versuchst, dein Leben damit in Übereinstimmung zu bringen, wird das nicht zu einem korrekten Verständnis führen. Reflektiere beim Lesen jeder Beschreibung in diesem Teil III das, was dort gesagt wird, und setze es intuitiv in Bezug zu den Ereignissen und Umständen, die sich in deinem Leben ergeben.

Damit Teil III für dich zu etwas Aufbauendem werden kann, ist ein grundlegendes Verständnis der in Teil II besprochenen 9 Prinzipien sowie eigenes geduldiges Forschen notwendig.

Wenn du dir die Zeit nimmst, die psychischen Themen zu verinnerlichen, die du auf diesen Seiten vorfindest, und sie mit den Gegebenheiten deines Lebens in Zusammenhang zu bringen, kann das zu wichtigen Einsichten und manchmal sogar zu einer Offenbarung führen.

Erwarte nicht, dass dieses Buch alle Arbeit für dich erledigt. Ein Werkzeug ist nur ein Werkzeug. Es liegt an dir, es geschickt anzuwenden, um ein besseres Verständnis zu bekommen, was das Leben dir in der jeweiligen Etappe deiner Reise abverlangt.

# Der 1. Zyklus –
# die frühen Kindheitsjahre (0–9)

## Dein 1. Jahr (0–1)

Dein 1. Jahr beginnt mit deiner Geburt in die physische Welt. Du bist ein unschuldiges Wesen. Es ist aber möglich, dass du eine schmerzvolle oder traumatische Erfahrung im Mutterleib oder während der Geburt durchgemacht hast. Vielleicht kamst du auch krank oder schwach zur Welt und musstest im Krankenhaus bleiben, getrennt von deinen Eltern.

Selbst wenn die Schwangerschaft und deine Geburt unauffällig waren, hast du wahrscheinlich eine gewisse Desorientierung erlebt, als du in die physische Welt eingetreten bist. Die Geburt gehört zu den großen Übergängen im Leben und in einen Körper zu kommen bringt viele Herausforderungen mit sich.

Obwohl du nun in einem von Mama getrennten Körper lebst, bist du immer noch in vieler Hinsicht eins mit ihr. Wenn deine Mama es genießt, Mutter zu sein, wird diese Verschmelzung eine positive Sache für dich sein. Wenn du erfolgreich gestillt wirst, wenn du gehalten und berührt wirst und viel physische

Zuwendung bekommst, entsteht eine sichere Bindung zu Mama, und du erhältst die Fürsorge, die du brauchst, um gedeihen zu können.

Wenn deine Mama aber nicht gern Mutter ist – wenn sie gestresst und überfordert ist oder an einer postnatalen Depression leidet, kann es sein, dass dir die Fürsorge, die du brauchst, vorenthalten bleibt. Dann verinnerlichst du vielleicht die Botschaft, dass du nicht liebenswert bist. Dieses 1. Lebensjahr wird viele physische Herausforderungen mit sich bringen, während du lernst, die Kontrolle über deine grundlegenden Bewegungen und Reflexe zu erlangen. Es wird auch emotionale Herausforderungen geben, beispielsweise Trennungsängste, wenn Mama sich entfernt. Du lernst, sie wieder herbeizurufen, indem du weinst und dadurch ihre Aufmerksamkeit bekommst.

Je nachdem, wie aufmerksam deine Mutter ist, wirst du diese Herausforderungen entweder leicht meistern oder Schwierigkeiten haben, die deine emotionale Gesundheit und deine Entwicklung beeinträchtigen können.

Im 1. Lebensjahr lernst du zu krabbeln und deine Umgebung zu erforschen. Du beginnst mit kleinen Schritten eine unabhängige Existenz.

## Dein 2. Jahr (1–2)

In deinem 2. Lebensjahr wirst du wahrscheinlich lernen, eigenständig zu stehen und anfangen zu laufen und die Außenwelt zu erkunden. Du wirst die Welt auf deine Weise und in deinem eigenen Tempo erforschen. Das ist ein wichtiges Zeichen von Unabhängigkeit. Deine Wissbegierde bekommt im wahrsten Sinne des Wortes Beine.

Das 2. Jahr ist auch ein Zeitraum, in dem du vielleicht deine Eltern und Geschwister zurückweist, um herauszufinden, wer du bist. Dein Bedürfnis, zu Mama, Papa oder den Geschwistern auch mal Nein zu sagen, ist ein Versuch, dir selbst deine Grenzen zu bestätigen.

Im 2. Jahr beginnt deine Suche nach Selbstkenntnis. Während Jahr 1 durch die Notwendigkeit, deine Grundbedürfnisse erfüllt zu bekommen, eine Verschmelzung mit den Eltern darstellt, geht es im 2. Jahr darum, die physischen und emotionalen Grenzen zu entdecken, die dir zeigen, wo andere aufhören und wo du anfängst. Du steckst dein Revier nicht nur in der Außenwelt, sondern auch im Inneren ab, indem du anfängst, dich mit den inneren Welten des Bewusstseins auseinanderzusetzen (Gedanken, Gefühle und so weiter), die ausschließlich die deinen sind. Du kannst das 2. Jahr negativ erleben, wenn du nicht in der Lage bist, Grenzen zwischen dir und anderen zu ziehen und/oder die Welt um dich herum zu erforschen. In diesem Fall kann es sein, dass du auf eine Weise mit deinen Eltern verstrickt oder von ihnen abhängig bist, die deine natürliche Entwicklung verhindert. Andererseits ist es auch möglich, dass dir in einem 2er-Jahr zu viele starre Grenzen gesetzt oder zu große Einschränkungen auferlegt werden. Das führt gewöhnlich zu einem Mangel an emotionaler Sicherheit und dazu, dass du dich isoliert und auf eine ungesunde Weise von der Liebe abgeschnitten fühlst.

# Dein 3. Jahr (2–3)

In deinem 3. Lebensjahr entdeckst du deine Stimme. Du erweiterst dein Vokabular und lernst, ganze Sätze zu sagen. In diesem Jahr geht es vor allem um Kommunikation. Die Sprache zu entwickeln ermöglicht dir, dich mit anderen auszutauschen. Du lernst, anderen mitzuteilen, was du willst und brauchst, und fängst an, ihre Bedürfnisse und Wünsche wahrzunehmen. Du nimmst nun stärker den Unterschied zwischen dem »Selbst« und dem »Anderen« wahr und auf welche Weise deine Bedürfnisse und Wünsche die anderer ergänzen oder im Gegensatz dazu stehen können.

In deinem 3. Jahr erforschst du aktiv Beziehungen und erlebst die Freude des Austauschs und der Verbundenheit, aber auch die Enttäuschung bei Konflikten und Getrenntheit. Die zwischenmenschlichen Kompetenzen, die du in diesem Jahr erwirbst, werden in hohem Maße deine zukünftige Kommunikationsfähigkeit prägen.

Wenn du Glück hast, sind deine Eltern in Bezug auf gesunde Kommunikation gute Vorbilder, sowohl in ihrer Beziehung zueinander als auch in ihrem Umgang mit dir. Wenn du Geschwister hast, führt die Fähigkeit deiner Eltern, alle gleichermaßen zu unterstützen, ohne Partei zu ergreifen, zu einem Bewusstsein von Fairness und Fülle – zu dem Wissen, dass für jeden genug Zeit und Aufmerksamkeit da ist. Streiten deine Eltern aber häufig miteinander und mit dir, ergreifen sie Partei oder ziehen ein Kind dem anderen vor, dann wirst du kein gutes Vorbild für künftige Beziehungen haben.

Es ist ein Jahr, in dem du lernst, anderen mitzuteilen, wer du bist, und deine Erfahrungen mit anderen teilst. Es ist auch ein Zeitraum, in dem du lernst, aufmerksam die Bedürfnisse anderer wahrzunehmen. Eine positive Entwicklung im 3. Jahr legt das Fundament für eine ausgezeichnete Kommunikationsfähigkeit sowie die Fähigkeit, deine künftigen Beziehungen erfolgreich zu gestalten.

## Dein 4. Jahr (3–4)

In deinem 4. Lebensjahr lernst du, deinen Körper vollständig zu beherrschen. Du hast dein Toilettentraining hinter dir und volle Kontrolle über deine Körperbewegungen. Du kannst dich überall gut bewegen: im Haus und auf dem Spielplatz, wo du klettern, rutschen, schaukeln, hüpfen, springen und herumrennen kannst. Du hast ein gutes Selbstbewusstsein, weißt für dich einzustehen und vertraust darauf, mit deinen täglichen Aktivitäten zurechtzukommen. Dein Wortschatz und andere sprachliche Fähigkeiten haben sich erweitert, du lernst, Objekte zu zählen, und bist neugierig, wie die Dinge in der Welt funktionieren.

Im 4. Lebensjahr beginnst du dich in deinem Körper und in der physischen Welt zu Hause zu fühlen. Du legst das Fundament für ein Leben als unabhängiger Mensch. Du fühlst dich in deiner Welt sicher und geschützt. Diese Sicherheit lässt dich zuversichtlich deine Umwelt erkunden, in der du Gleichaltrigen und Erwachsenen, die nicht deine Eltern sind, auf vielfältige Art und in neuen Umgebungen begegnest.

Je nachdem, in welchem Maße du Krankheiten oder Traumata durchmachst, die deine Fähigkeit, dich in deinem Körper oder in deiner unmittelbaren Umgebung wohlzufühlen, untergraben, kann dir das Vertrauen abhandenkommen, weiterzugehen. Vielleicht wirst du von deinen Eltern überbehütet und hast Angst, dich auf neue Herausforderungen einzulassen, die du aber brauchst, um neue Fähigkeiten zu erlernen. Ein Mangel an Sicherheit oder Schutz im 4. Jahr kann weitreichende Auswirkungen auf deine spätere Entwicklung haben und es dir erschweren, in der Schule und in anderen sozialen Umfeldern gut zurechtzukommen.

## Dein 5. Jahr (4–5)

In deinem 5. Jahr beginnst du sowohl die äußere als auch die innere Welt zu erforschen. Du hast mit anderen Kindern zu tun, spielst mit ihnen und entwickelst deine Kreativität, indem du Geschichten erfindest oder imaginäre Freunde erschaffst. Wenn du in den Kindergarten gehst, erweitert sich dein Lebensraum beträchtlich und du wirst selbstständiger. Es ist eine Zeit, in der du viele Fragen stellst und aktiv versuchst, die Welt um dich herum zu verstehen. Sind deine Eltern unterstützend, werden sie in der Nähe sein, wenn du sie brauchst, dir aber auch genügend Raum geben, um zu wachsen und aus eigener Erfahrung zu lernen.

Wenn deine Eltern überfürsorglich und überängstlich sind, werden sie dir enge Grenzen setzen und die Freiheit versagen, die du brauchst, um die Welt zu erkunden. Du könntest verinnerlichen, dass »die Welt kein sicherer Ort ist«, und Angst davor haben, unabhängig zu sein und Risiken einzugehen. Folglich wirst du kein Selbstvertrauen entwickeln, was einen bleibenden Einfluss auf dein Leben haben kann.

Sind deine Eltern andererseits wenig fürsorglich, könnte es sein, dass sie dich aus dem Nest schubsen, bevor du dazu bereit bist, oder deine Trennungsangst und andere Ängste als nichtig abtun. Das kann dazu führen, dass du dich im Kindergarten oder anderen neuen Umgebungen nicht sicher fühlst und anfängst, dich unangenehm aufzuführen oder dass du dich emotional verschließt.

Sowohl ein Zuviel als auch ein Zuwenig an Fürsorge und Schutz kann schaden und deine normale Entwicklung behindern. Anstatt dich kreativ auszudehnen und neue Erfahrungen begeistert anzunehmen, ziehst du dich in dich selbst zurück und sonderst dich von anderen ab.

Der Schlüssel zu einem guten 5. Jahr ist die emotionale Unterstützung von Eltern, die dich gleichzeitig ermutigen, in die Welt hinauszugehen. Diese Kombination von Fürsorge, Schutz und Ermutigung von den Eltern und anderen Erwachsenen lässt dein Selbstvertrauen wachsen und trägt außerordentlich zu deinem Erfolg im Leben bei.

# Dein 6. Jahr (5–6)

Wenn du mit deinem 5. Geburtstag in dein 6. Jahr eintrittst, besuchst du normalerweise den Kindergarten und hast begonnen, ein ganz neues soziales Umfeld zu erkunden. Vielleicht erlebst du nun zum ersten Mal eine Umgebung außerhalb deines Zuhauses, und das kann eine Herausforderung darstellen, weil du herauszufinden versuchst, wie du dich deinen Spielkameraden anpassen kannst. Du gibst dir große Mühe, die Regeln zu verstehen und dich daran zu halten, und verurteilst vielleicht andere Kinder, denen es schwerfällt, Normen zu akzeptieren. Natürlich sagst oder tust du manchmal Dinge, die von deinen Spielkameraden und Lehrern nicht akzeptiert werden und es mag sein, dass du dich dann schuldig fühlst oder schämst.

Wenn deine Eltern fürsorglich sind, unterstützen sie dich dabei, dich an die neue Umgebung zu gewöhnen und all die neuen Eindrücke und Verhaltensweisen zu verarbeiten. Sie ermutigen dich, deine Fehler zu akzeptieren, aus ihnen zu lernen und anderen Kindern einen Vertrauensbonus zu geben. Sie machen dir klar, dass es wichtig ist, Unterschiede zu akzeptieren und mit anderen Kindern auszukommen und dass es nicht akzeptabel ist, andere zu mobben und zu beschämen.

In deinem 6. Jahr lernst du soziale Normen kennen und versuchst, dich ihnen anzupassen und dem gerecht zu werden, was von dir erwartet wird. Deine Fähigkeit, diese Normen zu akzeptieren und dich einzufügen, oder dein Bedürfnis, gegen Normen zu rebellieren und dich als Individuum hervorzuheben, werden einen große Bedeutung für deine künftige soziale Entwicklung haben. Manche Kinder möchten so sehr von anderen Kindern gemocht werden und beliebt sein, dass sie eine Maske entwickeln und Cliquen bilden, die andere, weniger beliebte Mädchen oder Jungen ausgrenzen. Manche Kinder sind möglicherweise schüchtern und fühlen sich unbeholfen im Umgang mit anderen und werden vielleicht ausgeschlossen, schlechtgemacht oder gemobbt.

Im Idealfall werden dir deine Eltern helfen, ein Gleichgewicht zu finden im Hinblick auf dein Bedürfnis, du selbst zu sein und mit anderen zu sein. Sie ermutigen dich, über deine Erfolge und Niederlagen im Kindergarten zu sprechen und darüber, dass dort manche Normen und Erwartungen anders sind als zu Hause.

Bist du von Natur aus gesellig, wirst du dazu neigen, dich in der Schule hervorzutun. Du wirst lernen müssen, ein Gespür für die Bedürfnisse und Gefühle anderer zu entwickeln. Wenn du sehr sensibel bist und dazu neigst, ein Einzelgänger zu sein, wirst du lernen müssen, deine Meinung zu sagen und dich anderen zuzuwenden. So oder so gibt es in deinem 6. Jahr viel zu lernen.

## Dein 7. Jahr (6–7)

Im 7. Jahr deines Lebens kommst du in die Grundschule. Wenn du vorher Vorschule oder Kindergarten besucht hast, ist dieser Übergang vielleicht nicht so schwierig, weil du schon Vertrauen in deine Fähigkeiten im Umgang mit Gleichaltrigen und Lehrern hast. Bewegst du dich in diesem Jahr allerdings zum ersten Mal außerhalb deines Zuhauses, kann es eine Herausforderung für dich sein, denn du musst lernen, dich auf ein ganz neues soziales Umfeld einzustellen. Ohne vorherige soziale und intellektuelle Förderung könntest du hinter den Gleichaltrigen zurückbleiben und wenig Selbstvertrauen haben.

Dies ist das Jahr, in dem du lesen und schreiben lernst oder, wenn du das schon kannst, zeigen wirst, dass du diese wichtigen kommunikativen Fähigkeiten beherrschst. Wenn deine Eltern dir vorgelesen und sich Zeit genommen haben, um mit dir das Lesen zu üben, wirst du diese Fähigkeiten schnell erlernen und ein selbstsicherer Schüler sein. Diese Selbstsicherheit wird dich aus der Menge herausheben und du wirst Anerkennung von Gleichaltrigen und Lehrern erhalten.

Auf der anderen Seite kann dich ein Mangel an elterlicher Unterstützung in Bezug auf Bildung und sozialen Umgang hemmen, weil du dich deinen Altersgenossen unterlegen fühlst. Das kann zu Verhaltensproblemen führen, wie zum Beispiel dem Mobben von anderen Kindern, mit dem du deine Unterlegenheit zu kompensieren versuchst.

Einer der wichtigsten Aspekte in diesem Jahr ist das Entwickeln von Selbstvertrauen. Es ist ein Jahr, in dem du damit beginnst, deine Talente und Begabungen zu erkennen und auszudrücken – oder aber zurückzuhalten, weil du Angst vor Kritik hast. Wenn du kritisierende Eltern hast, die Druck auf dich ausüben und dir sagen, dass das, was du sagst oder tust, nicht gut genug ist, wirst du es in der Schule schwer haben. Es kann sein, dass du den Perfektionismus deiner Eltern verinnerlichst und selbst dann, wenn du etwas sehr gut machst, das Gefühl hast, dass es nicht gut genug ist.

Das Maß, in dem du Vertrauen in deine Fähigkeiten sowie ein gesundes Selbstwertgefühl entwickelst, hat großen Einfluss auf dein weiteres Schülerdasein und dein Leben im Allgemeinen.

# Dein 8. Jahr (7–8)

In deinem 8. Lebensjahr wirst du dich mit den bereits gemachten Erfahrungen auseinandersetzen, sie verarbeiten und verinnerlichen. Dein Fokus verlagert sich von außen nach innen. Jetzt geht es in deiner Erfahrung nicht nur darum, was du anderen getan hast oder was andere dir getan haben, sondern darum, »wie du darüber denkst und was du dabei fühlst«. Wie du mit deiner Erfahrung umgehst, ist die Art und Weise, wie du sie wahrnimmst und einordnest und dich diesbezüglich fühlst (verärgert, gereizt, schuldig, sie als gut oder schlecht, fair oder unfair bewertend). Das ist genauso wichtig wie das, was tatsächlich geschehen ist. Diese Überlagerung der Erfahrung durch Gedanken und Gefühle, die Welt der Wahrnehmung, erschafft eine komplexere Welt.

Dein 8. Jahr ist ein Zeitraum, in dem du seelische Tiefe und Vielschichtigkeit entwickelst. Du wirst dich manchmal von deinen Eltern und Kameraden zurückziehen, um etwas zu verarbeiten, das dich aus der Fassung gebracht oder »deine Knöpfe gedrückt« hat. Vielleicht fühlst du dich schuldig für etwas, das du getan oder gesagt hast. Vielleicht lernst du, dir oder einem deiner Freunde oder dem Lehrer zu vergeben. Vielleicht wirst du krank oder hast einen Unfall und musst lernen, auszuruhen und zu heilen.

Im besten Fall werden dir die Konsequenzen deiner Handlungen bewusst und du entwickelst ein gewisses Verständnis dafür, dass du verantwortlich für die Entscheidungen bist, die du triffst.

Andererseits kann es sein, dass es dir schwerfällt, deine Fehler einzugestehen, und vielleicht weichst du der Verantwortung für dein Denken und Handeln aus oder leugnest sie, indem du lieber andere beschuldigst. Anstatt deinen Schatten anzunehmen, projizierst du ihn lieber nach außen, indem du andere verurteilst und etwas an ihnen auszusetzen hast, um dir deinen Schmerz und dein Unbehagen nicht anschauen zu müssen.

In diesem Jahr entwickelst du vielleicht einige Verteidigungsstrategien und andere Formen der Verleugnung, die Unfrieden in deinen Beziehungen stiften und innere Konflikte auslösen können, welche sich im Laufe deines Lebens möglicherweise noch verstärken. Wenn deine Eltern, Lehrer, Therapeuten oder andere wichtige erwachsene Vorbilder dir einen sicheren Raum bieten können, in dem du mit deinen Gedanken und Gefühlen klarkommen und deinen Schmerz, dein Schuldgefühl und deine Verwirrung ausdrücken kannst, wirst du Wege finden, dir deine Fehler einzugestehen, aus ihnen zu lernen, dir und anderen zu vergeben und in Frieden mit dir zu sein. In diesem

Sinne könnte es das wichtigste Lehrjahr deines Lebens sein. Es zeigt dir – oder eben nicht –, einen Weg auf, nach innen zu gehen, aus deiner Erfahrung zu lernen, sie zu verstehen und zu akzeptieren. In deinem 8. Jahr lernst du, wie du deine Fehler korrigieren und heilen kannst, um wieder ins Gleichgewicht zu finden – oder eben nicht. Du stellst fest, dass Schmerz ein Weckruf ist, und beachtest diesen Ruf. Oder du ignorierst ihn und versuchst, deinen Schmerz zu verbergen. Das ist tonangebend für den Rest deines Lebens.

# Dein 9. Jahr (8–9)

Dies ist das letzte Jahr deines 1. Zyklus. Wie alle 9er-Jahre ist dies ein Jahr der Vervollständigung und Ablösung. Deine frühe Kindheit ist vorbei und du machst dich bereit für deinen Übergang in die Jugendzeit. Bald werden große Veränderungen in deinem Körper geschehen, wenn du die Pubertät durchläufst.

Es kann sein, dass du dich in deinem 9. Jahr etwas von deinen Freunden und der Familie zurückziehst. Obwohl deine Eltern möglicherweise besorgt sind, weil du dich absonderst, ist es in dieser Phase äußerst hilfreich, Zeit allein zu verbringen und dich mit deiner inneren Erfahrung zu verbinden. Du hast die vorhergehenden 8 Jahre damit verbracht, etwas über die Welt zu lernen und Kontrolle über deinen physischen Körper zu erlangen. Jetzt ist es an der Zeit, ein wenig auszuruhen. Das trifft insbesondere auf die letzten 9 Monate vor deinem 9. Geburtstag zu. Wie die Raupe, die sich verpuppt, wirst auch du bereit dafür, in eine neue Lebensdimension hineingeboren zu werden.

Hoffentlich können die Erwachsenen in deiner Umgebung dein Bedürfnis nach Innenschau und Alleinsein verstehen. Es ist jetzt nicht angebracht, dich unter Druck zu setzen, um produktiv, gesellig und mit äußeren Dingen beschäftigt zu sein. Du brauchst Zeit und Raum, um nach innen zu gehen. Vielleicht tut es dir gut, einen Therapeuten oder Mentor zurate zu ziehen, mit dem du über deine Erfahrungen sprechen kannst.

In jedem Zyklus gibt es aktive, produktive Jahre und Jahre, in denen sich die Energie mehr nach innen wendet. Diese Bewegung beginnt in deinem 8. Jahr und setzt sich in deinem 9. Jahr fort, bis weit in das 1. Jahr deines neuen Zyklus hinein. Betrachte es als eine Zeit des Auftankens und der Neuausrichtung. Das nächste Jahr wird ein Jahr der Neuanfänge sein. Neue Herausforderungen werden sich präsentieren. In diesem Jahr des Ausruhens, der Stille und des Reifens wirst du gefühlsmäßig auf die nächste Phase deines Lebens vorbereitet.

# Der 2. Zyklus –
# die Jugendjahre (9–18)

## Dein 10. Jahr (9–10)

In deinem 10. Jahr wirst du, wie in allen 1er-Jahren, ein neues Selbstgefühl entwickeln. Du wirst dich zu neuen Erfahrungen hingezogen fühlen und neue Aktivitäten und Freundschaften entdecken. Es kann auch sein, dass du anfängst, dich mit anderen zu vergleichen und deine Einzigartigkeit zur Geltung zu bringen. Bist du ein Junge, kann es sein, dass du mit anderen Jungen konkurrierst und Interesse an Mädchen entwickelst. Bist du ein Mädchen, kann es sein, dass du mit anderen Mädchen wetteiferst und neugierig auf Jungen bist. Möglicherweise hast du zwiespältige Gefühle in Bezug auf deine sexuelle Identität.

Außer den Geschlechtsunterschieden nimmst du jetzt vielleicht auch Unterschiede im Hinblick auf Rasse, ethnischen Hintergrund, Religion, wirtschaftlichen Status und andere Faktoren wahr. Während du einerseits unweigerlich dazu neigen wirst, dich anhand dieser Faktoren zu definieren, ist es ebenso wichtig, zu lernen, dass andere, auch wenn sie anders sind als du, dir gleichwertig und genauso der Liebe und Akzeptanz wert sind wie du. Jeder Mensch hat das Recht, zu sein, wer er ist, und sollte weder im Positiven noch im Negativen mit anderen verglichen werden.

Möglicherweise bemerkst du auch, dass du in Bezug auf deine Stärken und Schwächen anders als andere bist. Manche Menschen sind dir vielleicht körperlich oder intellektuell überlegen, während du mehr intuitive Fähigkeiten und künstlerisches Talent hast. Auch hier gilt: Wichtig ist, die Unterschiede zu akzeptieren, ohne dich besser oder schlechter als andere zu fühlen.

Wenn du die Unterschiede akzeptierst, gibst du dir und anderen die Freiheit, einzigartige, facettenreiche Menschen zu sein. Während jeder einerseits dazugehören und von anderen akzeptiert sein will, gibt es auch Zeiten, in denen du dir treu bleiben musst. Indem du das tust, wirst du auffallen und in deinem wahren Wesen erkannt werden. Das kann bedeuten, dass andere dich verurteilen oder kritisieren, aber du solltest wissen, dass sie dies tun, weil sie sich nicht sicher sind, wer sie selbst sind.

Hoffentlich kannst du deine Einzigartigkeit begreifen und akzeptieren, ohne dich schlechter oder besser als andere zu fühlen. Wenn ja, wirst du die Grundlage für Ebenbürtigkeit in deinen Beziehungen schaffen, und das wird eine starke Basis für ein mitfühlendes und produktives Leben.

# Dein 11. Jahr (10–11)

Dein 11. Lebensjahr ist ein essenzielles 2er-Jahr. Jeder von uns kennt und versteht die Dinge auf unterschiedliche Weise. Manche sind analytisch veranlagt, andere mehr intuitiv. Manche Menschen sind gut darin, das große Ganze zu erkennen, übersehen aber die Details. Andere erkennen Details sehr klar, können aber das große Ganze nicht sehen. Manche haben Zugang zu Wissen über Worte, andere über Klänge oder Bilder. Bei manchen dominiert der Verstand und der Intellekt brilliert. Für andere steht das Herz im Vordergrund und die Gefühle sind entscheidend.

Wenn du in dein 2. 2er-Jahr eintrittst, wird es wichtig, dass du deinen individuellen Zugang zum Wissen verstehst und respektierst. Leider kann es sein, dass du nicht viel Ermutigung von deinen Eltern und Lehrern bekommst. Sie haben ihre eigene Vorstellung davon, wer du bist und was für ein Mensch du sein solltest. Diese Vorstellungen haben mehr mit ihrer eigenen Geschichte zu tun als mit deiner. Es kann aber schwierig sein, die Wahrheit über dich herauszufinden, wenn andere von dir erwarten, dass du deren Bestrebungen und Programme erfüllst.

Du wirst in diesem Jahr erfolgreich sein, wenn du lernst, deine eigene Art der Wissensaneignung zu erkennen und wertzuschätzen. Das bedeutet, sich einschränkenden oder behindernden äußeren Maßstäben von Lehrern und anderen Autoritätspersonen zu widersetzen. Deine Art zu lernen ist einzigartig und muss akzeptiert werden. Bezeichnungen wie ADHS, Legasthenie, Autismus und so weiter sind nur dann eine Hilfe, wenn sie dich darin unterstützen, zum einen deine Schwierigkeiten und Herausforderungen und zum anderen deine Stärken besser zu verstehen. Vielleicht hast du übersinnliche Fähigkeiten, die andere eigenartig oder bedrohlich finden. Auf die eine oder andere Art weißt du, dass du anders bist und deine Herausforderung in diesem Jahr darin besteht, deine einzigartigen Fähigkeiten zu akzeptieren und mit ihnen zu arbeiten.

Wenn du Glück hast, unterstützen dich deine Eltern und Lehrer dabei und ermutigen dich, auf die Weise zu lernen, die dir am meisten liegt. Vielleicht zeigt sich in diesem Jahr, dass du eine Schule brauchst, die andere Lernstile zulässt.

Der Schlüssel zu deinem 11. Jahr liegt darin, die einzigartige Weise zu zelebrieren, mit der du Informationen verarbeitest und sammelst. Vielleicht gehst du ganz anders an die Dinge heran als deine Kameraden. Wenn du dich für dein Anderssein verurteilst, kann es für dich womöglich schwierig werden, in deiner Entwicklung voranzukommen. Dieses Jahr ist eine Zeit, in der du lernen sollst, deinen Lernstil zu akzeptieren und die Gaben zu erkennen, die er dir und anderen bescheren kann.

# Dein 12. Jahr (11–12)

In deinem 12. Jahr geht es darum, zu lernen, wie du mit deinen Kameraden, Geschwistern, Eltern und Lehrern kommunizieren und dich austauschen kannst. Es ist wichtig, dass du lernst, deine Gedanken und Gefühle auf eine ehrliche, nicht beschuldigende Weise zu äußern. Andere müssen klar erkennen und erfahren können, wer du bist. Hab keine Angst davor, den Mund aufzumachen, sei dir aber bewusst, dass andere die Dinge auf ihre eigene Weise, anhand ihrer eigenen Filter und Interpretationen wahrnehmen. Ihre Fähigkeit, dich zu verstehen, hängt auch davon ab, ob du ein Bedrohungsgefühl in ihnen auslöst oder nicht. Wenn ja, sehen sie nur sich selbst in dir. Sie sehen dich nicht. Du musst wissen, dass einige deiner Kamera-den Urteile über dich haben, die nicht zutreffend sind. Ver-suche, das nicht persönlich zu nehmen und nicht auf ihre Wertungen zu reagieren. Du weißt, wer du bist. Lass andere weiterhin wissen, was für dich wahr ist und was nicht.

Auch du hast Urteile über deine Kameraden. Manchmal »drücken sie deine Knöpfe« und du kannst sie nicht wirklich erkennen oder anhören. Versuche dir das bewusst zu machen, wenn du bemerkst, dass das, was deine Freunde sagen oder tun, Reaktionen bei dir auslöst. Erkenne, dass du normalerweise deshalb mit Wut oder Schmerz auf andere reagierst, weil du einen Teil von dir selbst in ihnen wiedererkennst, den du nicht magst. In Wahrheit verurteilst du dich also selbst, nicht sie. Ei-gentlich siehst du sie gar nicht wirklich.

Deshalb ist es wichtig, dass du etwas über den Schatten er-fährst. Das ist der Teil von dir, den du nicht magst oder akzep-tierst. Jeder Mensch hat einen Schatten. Jeder hat einen Teil an sich, den er nicht mag oder akzeptiert.

Deine Aufgabe besteht darin, alles anzunehmen, was bei dir tatsächlich da ist, einschließlich der Schattenseiten, die du nicht an dir magst. Wenn du diese Seiten von dir akzeptieren kannst, wirst du sie nicht auf andere projizieren und nicht re-agieren, wenn sie ihre Schattenseiten auf dich projizieren. Das ist natürlich nicht leicht. Es braucht viel Übung, um zu lernen, Verantwortung für die eigene Wahrnehmung zu übernehmen, anstatt andere zu beschuldigen.

Eine klare Kommunikation, die auf Anschuldigungen ver-zichtet, ist eine Kunst, die erlernt werden will. Wir sagen nicht immer das, was wir meinen, oder meinen nicht, was wir sagen. Wir sehen andere durch die Brille unserer eigenen Urteile. Und hinter jeder Verurteilung liegt die eine oder andere Angst oder

Unsicherheit. Das bedeutet nicht, dass etwas mit uns nicht stimmt oder dass wir schlecht sind. Es bedeutet einfach, dass wir nicht gelernt haben, alles an uns zu lieben.

Verurteilen, beschimpfen oder Schlechtes über andere zu sagen führt zu Schmerz und Trennung. Es ist wichtig, damit aufzuhören. Wenn andere dich angreifen oder etwas sagen, das dir wehtut, bedeutet das, dass sie in ihrem Inneren verletzt sind. Versuche, das zu erkennen und Mitgefühl mit ihnen zu haben. Denke daran, dass es Zeiten gibt, in denen du verletzt bist und du gegen andere ausholst.

Wir alle tragen Verletzungen in uns und manchmal werden die Wunden von anderen berührt. Wir alle holen manchmal aus und schlagen um uns. Versuche, dir das bewusst zu machen, wenn du Schmerz oder Wut fühlst, und erkenne, dass Angst hochkommt. Frage dich: »Wovor habe ich Angst? Warum schäme ich mich oder warum fühle ich mich abgelehnt?« Eine solche Fragestellung wird dir bewusst machen, was in dir geheilt werden muss. Dann wirst du nicht automatisch reagieren und andere angreifen.

Wenn du Verantwortung für deine eigene Verletztheit und deinen Schmerz übernimmst, wirst du mit anderen viel besser zurechtkommen. Sie werden spüren, dass du ein guter und liebevoller Freund für sie bist, und gern Zeit mit dir verbringen. Wenn »ihre Knöpfe gedrückt werden« und sie ihre Wut an dir auslassen, wirst du lernen, das nicht persönlich zu nehmen. Du wirst wissen, dass das ihre Angelegenheit ist, nicht deine. Dann kannst du ihnen Mitgefühl, Vergebung, Liebe und Akzeptanz entgegenbringen. So lernst du, ein Friedensstifter zu sein.

# Dein 13. Jahr (12–13)

In deinem 13. Lebensjahr kommst du in die Pubertät und erlebst das damit verbundene sexuelle Erwachen (obwohl das bei manchen jungen Menschen früher, bei anderen später auftritt). Es ist wichtig, dass das, was in deinem Körper und deiner Gefühlswelt vor sich geht, von deinen Eltern, Lehrern, deinem Arzt und anderen wichtigen Erwachsenen mitfühlend respektiert wird, damit diese Veränderungen keine Angst- oder Schamgefühle bei dir auslösen. Du solltest ohne Weiteres Fragen zu Eisprung, Schwangerschaft, Empfängnisverhütung und ähnlichen Themen stellen können, die mit dieser Umstellung zusammenhängen, damit du die Informationen und den Durchblick hast, die du brauchst, um nicht von den eintretenden Veränderungen überwältigt zu werden.

Wenn deine Eltern und andere wichtige erwachsene Bezugspersonen nicht offen mit deinem sexuellen Erwachen umgehen, kann deine Erfahrung dieser wichtigen Phase schwierig werden und mit Schuldgefühlen, Scham und emotionaler Instabilität behaftet sein. Das ist natürlich besonders gravierend, wenn du irgendeine Form von sexuellem Missbrauch oder unangemessenes Verhalten von Erwachsenen oder Gleichaltrigen erleidest.

Mittlerweile hast du wahrscheinlich ein gewisses Selbstvertrauen im Umgang mit deinen Kameraden entwickelt und fühlst dich in deiner schulischen Umgebung sicher. Du kennst inzwischen deinen Lernstil und deine Kommunikationsweise, weißt, was an der Schule von dir erwartet wird, und hast dich geistig und emotional gefestigt. Du hast ein solides Fundament gelegt, auf dem du allmählich weiter aufbaust, indem du dich auf ein höheres Wissensniveau und größere Sachkenntnis zubewegst.

Dein 13. Jahr sollte sowohl in der Schule als auch zu Hause ein Jahr der Stabilität sein. Insofern sollte es dir eine zuverlässige Struktur und Routine bieten, die es dir ermöglicht, mit den inneren Veränderungen zurechtzukommen, die du durchmachst. Wenn das nicht der Fall ist, ist es wichtig, Hilfe von außen zu bekommen, von Lehrern, Ärzten, und/oder Therapeuten, die dir helfen, dich an die hormonellen Veränderungen zu gewöhnen, die dich vielleicht ablenken.

# Dein 14. Jahr (13–14)

Wenn du nicht schon im vergangenen Jahr in die weiterführende Schule gekommen bist, wird das in deinem 14. Jahr geschehen (im amerikanischen Schulsystem, A. d. Übers.). Hoffentlich hast du inzwischen dein Selbstbewusstsein entwickelt und gelernt, Risiken einzugehen. Wenn ja, wirst du die Gelegenheit willkommen heißen, eine größere Bandbreite an Erfahrungen zu erleben. Da du ein Fundament aufgebaut hast, indem du die grundlegenden Fähigkeiten in Bezug auf Sprachen, Mathematik und andere Hauptfächer erworben hast, bekommst du jetzt Gelegenheit, jene Bereiche zu erkunden, in denen du besondere Begabungen hast.

Dein 14. Jahr sollte ein Jahr intellektueller und kreativer Expansion sein. Du wirst viel Neues lernen, beherzt Unbekanntes erkunden und dich allmählich als Individuum herauskristallisieren. Du wirst erkennen, was dich am meisten interessiert und was du am besten kannst und dich ganz natürlich darauf zubewegen.

Es ist wichtig, dass das spielerisch und mit Freude geschieht. Wenn du dich zu sehr unter Druck setzt, um deine Ziele zu erreichen, wird das in den schöpferischen Vorgang eingreifen und dich hemmen. Versuche also, den Druck herauszunehmen und mit kleinen Schritten voranzugehen, bis du dich sicher fühlst.

Dein 14. Jahr ist auch ein Zeitraum, in dem du dich vielleicht für Kunst oder Spiritualität zu interessieren beginnst. Vielleicht schließt du dich einem Chor oder einer Theatergruppe an oder beteiligst dich aktiv an einer Jugendgruppe in deiner Kirche, Synagoge oder Moschee. Alles, was dich in die Außenwelt bringt und dir neue Erfahrungen bietet, ist wichtig.

Dieses und das vorige Jahr stehen in Verbindung mit dem Einsetzen der Pubertät und den Übergangsriten von der Kindheit zum Erwachsenendasein. Du wirst sexuell erwachsen und, anstatt Kind zu sein, wirst du zu einem Menschen, der in der Lage ist, ein Kind zu zeugen oder zu bekommen. Das kennzeichnet einen wichtigen Meilenstein in deinem Leben. Es unterstreicht auch dein Potenzial an Kreativität und deine Möglichkeiten, etwas Neues in die Welt zu bringen.

In deinem 14. Jahr ist es wichtig, dass du dich selbst auf einer tieferen Ebene kennenlernst, dass du deine einzigartigen Talente und Gaben entdeckst und sie allmählich zum Ausdruck bringst, dass du lernst und deiner Fähigkeit vertraust, dir das Leben zu erschaffen, das du dir wünschst. Dir wird klar, was dir am wichtigsten ist. Du fängst an, Gottesvorstellungen zu untersuchen und nach dem Sinn deines Lebens zu fragen.

# Dein 15. Jahr (14–15)

In deinem 15. Jahr erfährst du die Macht des Gruppendrucks, es wird dir wichtig, beliebt zu sein und dazuzugehören. Du strengst dich an, dich an die sozialen Normen zu halten, was die Kleidung betrifft und welche Musik beliebt ist. Du beginnst auch mit andern Mädchen oder Jungen um die Aufmerksamkeit vom anderen Geschlecht zu konkurrieren.

In deinem 15. Jahr findest du heraus, ob du ein Konformist oder ein Nonkonformist bist, ob du soziale Normen und Regeln akzeptierst oder ob du das Gefühl hast, sie verweigern und deine Individualität aufrechterhalten zu müssen. Während du einerseits von Gleichaltrigen akzeptiert werden willst, kann dir schmerzhaft bewusst werden, wie anders du bist und dass du nicht ins Schema passt. Das führt dich in deine erste richtige Identitätskrise. Entwickelst du eine Maske und tust so, als wärst du wie die anderen, damit sie dich akzeptieren? Oder erkennst du, dass du dir treu bleiben musst?

Nur wenige junge Menschen sind in der Lage, sich dem Gruppenzwang zu entziehen und sich zu erlauben, anders zu sein. In dem Maße, in dem du für dich einstehst, wirst du dich in diesem 9-Jahres-Zyklus als Individuum entwickeln.

Andererseits ist es wichtig für dich, dich nicht zu isolieren und anderen nicht zu erlauben, dich zu definieren. Hab den Mut, auf andere zuzugehen und sie wissen zu lassen, wer du bist. Schließe dich der Theatergruppe, dem Chor, der Arbeitsgemeinschaft oder dem Basketballteam an. Werde ein Pfadfinder, ein freiwilliger Helfer oder ein Mitglied der Jugendgruppe deiner Kirche oder Synagoge. Sei Teil von etwas, das größer ist als du. Dein Wachstum in diesem Zyklus lässt sich auch daran messen, inwieweit du aus deinem Schneckenhaus herauskommst und mit anderen zusammenwirkst. Versuche, ein Gleichgewicht zwischen deiner Individualität und dem Zusammensein mit anderen zu finden. Im besten Fall helfen dir deine Eltern, Lehrer oder andere Vorbilder, im Laufe dieses Jahres deine Position zu bestimmen. Sie werden dich ermutigen, dich zu öffnen und über deine Erfahrungen zu reden, damit du allen Ängsten oder Schamgefühlen begegnen kannst, die bei dir aufkommen.

In deinem 15. Jahr bist du weiterhin damit beschäftigt, mit deiner Sexualität klarzukommen. Du fängst an, die Tatsache zu akzeptieren, dass du dich zu Mädchen oder Jungen hingezogen fühlst (oder hast Schwierigkeiten damit). Inwieweit du dich in Bezug auf deine Sexualität wohl oder unwohl fühlst und in der Lage bist, unbeschwert mit dem jeweils anderen Geschlecht Kontakte zu knüpfen, kann einen Großteil dessen ausmachen, was in diesem Jahr Bedeutung für dich hat.

# Dein 16. Jahr (15–16)

»Süße Sechzehn« erleben wir, wenn wir in den frühen Kindheitstagen Selbstvertrauen und Selbstwertgefühl aufgebaut haben. In diesem Jahr ist es an der Zeit, dadurch zu glänzen, dass du deine Talente und Gaben zum Ausdruck bringst. Wenn du dich von der Familie und von Freunden darin unterstützt fühlst und im Vorfeld Erfolg in der Schule hattest, wirst du eine solide Basis haben, auf der du in diesem Jahr aufbauen kannst.

Wenn du Vertrauen in deine Fähigkeiten hast, wirst du keine Angst haben, anderen zu zeigen, wer du bist und was du kannst. Selbst wenn du schüchtern bist, wirst du einen Weg finden, deine Widerstände zu überwinden und dir zu erlauben, gesehen und gehört zu werden. Hast du aber den Hang deiner Eltern zum Perfektionismus verinnerlicht und das Gefühl, es nie ausreichend gut machen zu können, wirst du in deinem Selbstausdruck nicht entspannt sein und er wird nicht in Fluss kommen. Deine Zweifel und Ängste werden dir riesig erscheinen, und du wirst dich davor fürchten, einen Fehler zu machen und von anderen abgelehnt zu werden.

In diesem Jahr musst du verstehen, dass Fehler ein Teil des Lernprozesses sind und dass du nur dadurch, dass du Fehler riskierst, auch Erfolg im Leben haben kannst.

Versuche also, dir den Druck zu nehmen. Tu einfach dein Bestes und wisse, dass das gut genug ist. Selbst wenn du einen Fehler machst, ist das in Ordnung. Es wird dich nur stärker machen.

Deine größte Herausforderung im 16. Jahr besteht darin, zu lernen, an dich zu glauben und auf deine Talente und Gaben zu vertrauen. Wenn du Angst hast oder es dir an Selbstvertrauen fehlt, geh zunächst mit kleinen Schritten auf dein Ziel zu. Umgib dich mit Menschen, die dich unterstützen. Wenn du bei den kleinen Schritten Erfolg hast, wirst du bald bereit sein, dich größeren Herausforderungen zu stellen.

## Dein 17. Jahr (16–17)

Dein 17. Jahr ist ein Zeitraum, der nach Innenschau verlangt, obwohl du viel Druck erfahren könntest, um in schulischen und gesellschaftlichen Aktivitäten weiterhin »am Ball zu bleiben«. Mach dir keine Sorgen, wenn du anfängst, dich von den Erwartungen anderer zurückzuziehen. Es könnte ein Jahr sein, in dem dir bewusst wird, inwiefern du nicht mit Gleichaltrigen oder Freunden zusammenpasst und wo du dich emotional nicht mit ihnen verbunden fühlst. Vielleicht fällen sie Urteile über dich oder du über sie. Vielleicht hast du das Gefühl, dass andere dich nicht akzeptieren und so schätzen, wie du bist. Vielleicht wirst du sogar von deinen Kameraden ausgeschlossen.

Sich mit den Unterschieden zwischen dir und anderen abzufinden, deine eigene Erfahrung zu bejahen und eine Verbindung mit deiner inneren Führung zu pflegen, ist in diesem Jahr von grundlegender Bedeutung. Um das zu tun, musst du dich nach innen wenden, damit du dir oder anderen vergeben, Wunden oder verletzte Gefühle heilen und dich von einem Unfall oder einer Krankheit erholen kannst. Du musst lernen, schonend mit dir umzugehen.

Nimm dir die Zeit, die du brauchst, um dich auszuruhen und wieder Kraft zu tanken. Hole dir, wenn nötig, Beratung oder Unterstützung. Dieses Jahr leitet den Übergang in eine neue 9-Jahres-Phase deines Lebens ein. Sie beginnt in diesem Jahr damit, dass du heilst und ins Gleichgewicht kommst, und geht im nächsten Jahr zur Loslösung und Vollendung über, sodass klar Schiff gemacht werden kann und du wieder neu anfangen kannst.

In den folgenden beiden Jahren geht deine Jugendzeit zu Ende; nun beginnt dein Leben als junger Erwachsener. Es ist die Zeit, in der du anfängst, dich aus deiner Abhängigkeit von den Eltern zu lösen. Du brauchst mehr Freiheit, um herauszufinden, wer du als eigenständiger Mensch bist. Der schrittweise Übergang von der Kindheit ins Erwachsenenleben ist ein Prozess, der stets mit Spannungen und Wachstumsschmerzen einhergeht.

# Dein 18. Jahr (17–18)

Wundere dich nicht, wenn du dich in deinem 18. Lebensjahr von deinen Eltern und Freunden bis zu einem gewissen Grad abgrenzen musst. Dies ist das letzte Jahr deiner Jugend, und du wirst bereit, ins Erwachsenenalter einzutreten. Du musst entscheiden, ob du nach deiner Schulzeit studieren, einen Job suchen und dir eine eigene Wohnung suchen willst.

Vielleicht erwarten Erwachsene von dir, dass du schon weißt, wie dein nächster Schritt aussieht. In diesem Jahr geht es darum, dass du Dinge zum Abschluss bringst und dich ablöst. Es ist kein Jahr, um vorwärtszustreben; vielmehr könnte es sein, dass du dir viel Zeit nehmen musst, um still zu werden und darüber nachzudenken, wo du herkommst und wohin du gehen willst.

Zu meditieren, in die Natur zu gehen oder einfach Zeit allein zu verbringen hilft dir, Zugang zu deinen Gefühlen zu bekommen, sodass du allmählich von innen heraus eine Richtung findest.

Der Übergang ins Erwachsenenalter ist tief greifend. Jungen Menschen wird nicht die Zeit zugestanden, die »heilige Zeit und den heiligen Raum« oder »den Übergangsritus« zu durchlaufen, der für diese Erfahrung von »Tod und Wiedergeburt« so wichtig ist. Ein viel zu großer Druck lastet auf ihnen, und die Folge ist, dass sie oft Verpflichtungen eingehen, bevor sie wirklich dazu bereit sind. Die Entscheidungen, die sie treffen, werden über Gebühr von den Erwartungen der Eltern, Lehrer oder sogar der Kameraden beeinflusst und sind nicht unbedingt in Einklang mit ihren eigenen, einzigartigen Bedürfnissen, Wünschen und Begabungen. Das ist tragisch und unnötig.

Lass nicht zu, dass das bei dir passiert. Dies ist ein Jahr, in dem du – je nach Schulsystem – deine Schulausbildung zu

Ende bringen kannst und deinen Frieden mit den Entscheidungen machst, die du bislang in deinem Leben getroffen hast. »Sich lösen« ist ebenso wichtig wie »abschließen«. Dies ist nicht das richtige Jahr, um neue Verpflichtungen einzugehen, weil du einfach noch nicht weißt, was du wirklich brauchst.

Lass dich nicht von Erwachsenen in deiner Umgebung unter Druck setzen. Bitte um die Zeit und den Raum, den du brauchst. Bitte deine Eltern, Abstand zu halten und deine Grenzen zu respektieren. Bitte sie um Unterstützung und Verständnis in diesem Jahr. Bitte sie, Geduld mit dir zu haben, während du versuchst, deinen Weg zu finden.

Und sei geduldig mit dir. Du kannst den Fluss nicht schneller fließen lassen. Warte, bis du dich bereit fühlst, hineinzuspringen, dann wird er dich tragen.

# Der 3. Zyklus – die frühen Erwachsenenjahre (18–27)

## Dein 19. Jahr (18–19)

Das 19. Jahr ist eine Zeit, in der du vielleicht dein Elternhaus verlässt, um eine weitere Ausbildung zu durchlaufen, in eine eigene Wohnung zu ziehen, eine Arbeit aufzunehmen oder dich auf eine Reise zu begeben, um die Welt zu erkunden. Es ist ein Jahr der Risikobereitschaft und des Wachstums. Du fängst an, abseits der Familie dein eigenes Leben zu leben. Du lernst, mit anderen unter deinen Bedingungen zusammen zu sein.

Es ist sehr wichtig, dich anderen ehrlich und aufrichtig zu zeigen. Das schafft die Basis für gesunde Beziehungen. Es ist gut möglich, dass in diesem Jahr eine wichtige Beziehung in dein Leben kommt. Der Erfolg dieser Beziehung wird davon abhängen, ob du das Gefühl hast, in Gegenwart dieses Menschen du selbst sein zu können, und ob du lernst, die Bedürfnisse des anderen ebenso zu respektieren wie deine eigenen. In jeder Beziehung lautet die große Frage für beide: »Kann ich ich selbst sein, wenn ich mit dir bin?«

121

Wenn die Antwort Ja ist, wird die Beziehung gedeihen und euch beiden helfen, zu entdecken, wer ihr seid. Lautet die Antwort Nein, wirst du andere Beziehungen eingehen, in denen du dich darum bemühst, authentisch zu sein und dir treu zu bleiben. Du wirst viel über deine Kommunikationsfähigkeit erfahren (oder über den Mangel daran und darüber, was du lernen musst) und erkennen, worin deine größten Herausforderungen bestehen, wenn du in einer Beziehung bist.

In deinem 19. Jahr untersuchst du, wer du in Bezug auf andere bist. Du definierst dich selbst neu als ein Mensch, der nicht mehr von den Eltern abhängig ist oder ihnen gefallen will. Es ist ein Jahr, in dem du viel über dich lernen wirst und eine neue Vision in Bezug auf die Richtung entwickelst, in die du dich in den nächsten 8 Jahren bewegen möchtest.

# Dein 20. Jahr (19–20)

In deinem 20. Jahr gewinnst du allmählich Klarheit über deine Richtung für die übrigen Jahre des Zyklus und beginnst, für die Zukunft zu planen und dich darauf vorzubereiten. Das könnte ein Studium oder die Berufstätigkeit sein, vielleicht auch ein weiteres Abenteuer.

Falls du im vorhergehenden Jahr eine wichtige Beziehung eingegangen bist, kann es sein, dass sie in diesem Jahr einer Prüfung unterzogen wird, wenn dein Partner anfängt, alte Verletzungen aus deiner Kindheit zu triggern. Anfangs hast du die Tendenz, dem anderen die Schuld dafür zu geben, wenn deine »Knöpfe gedrückt« werden. Das ist ein Versuch, deine eigene Angst und Beschämung auf deinen Partner zu projizieren. Dein Partner tut das Gleiche, wenn du an seinen alten Verletzungen rührst.

Jetzt sind da also nicht nur zwei Erwachsene in einer Beziehung, sondern auch noch zwei verletzte Kinder, die einander bekämpfen, beschuldigen und bloßstellen. Deine Reaktionsmuster – Kampf, Flucht oder emotionales Verschließen – und die deines Partners scheinen die Bühne zu beherrschen. Es versteht sich von selbst, dass die romantischen Tage dann schnell vorbei sind.

Während du vielleicht hoffst, dass die Liebe eines anderen Menschen größeres Glück in dein Leben bringen wird, ist es in Wahrheit so, dass niemand in der Lage ist, dich mehr zu lieben, als du dich selbst liebst. Somit werden zwangsläufig alle Blockaden und Ängste, zu lieben und Nähe zu erleben, in deiner Beziehung hochkommen. Wenn die Romantik vorbei ist, zeigt sich die harte Realität der Angst und Scham – des Schattens – und mit ihr alle Abwehrmechanismen, die du in deinem Versuch, dich zu schützen, aufgebaut hast.

Dummerweise hindern dich aber gerade die Verhaltensweisen, die dich schützen sollen, daran, Nähe zu erfahren. Dies ist ein Jahr, in dem du lernen musst, deiner Schattenseite und der deines Partners mit Verständnis und Mitgefühl zu begegnen.

Es kann hilfreich sein, einen guten Therapeuten aufzusuchen, insbesondere dann, wenn es in deiner Beziehung kriselt. Psychologie studieren, Selbsthilfebücher lesen, an Beziehungsseminaren teilnehmen, das sind konstruktive Möglichkeiten, euch die unbewussten Verletzungen bewusst zu machen, die ihr heilen müsst, um eine harmonische Beziehung entstehen zu lassen.

# Dein 21. Jahr (20–21)

Dies ist dein essenzielles 3er-Jahr. Es ist eine Zeit, in der du dich aktiv mit anderen austauschst, die deine Interessen und Werte teilen. In dieser Zeit musst du aus deinem Schneckenhaus herauskommen – sofern du eines hast – und mittanzen.

Falls du nicht schon in einer Beziehung bist, ist dies häufig ein Jahr, in dem du jemandem begegnest, der ein langjähriger Partner werden könnte. Versuche, dir Zeit dafür zu nehmen, potenzielle Partner kennenzulernen, bevor du dich festlegst. Es ist wichtig, dass ihr ähnliche Erfahrungen und Werte habt und dass ihr lernt, gut zu kommunizieren. Seid geduldig, verbringt schöne Stunden miteinander und unterhaltet euch ausführlich, um eine kluge Entscheidung zu treffen.

Lernt darüber hinaus, die Unterschiede zwischen euch zu akzeptieren. Erkenne, dass kein Mensch allein all deine Bedürfnisse erfüllen oder immer allem zustimmen kann. Jeder Mensch hat eine andere Denkweise und andere Lebenserfahrungen. Lass eine gute Beziehung nicht sausen, weil du unrealistische Erwartungen an den anderen hast. Lerne den Erfahrungshintergrund des anderen zu akzeptieren und zu respektieren, dann kann eure Beziehung aufblühen.

In jeder Beziehung gibt es zwangsläufig Konflikte. Menschen, die einander nahestehen, triggern gegenseitig frühere Verletzungen und Glaubenssätze. Wenn einer der Beziehungspartner mit einem Schlüsselreiz konfrontiert wird, wird euer Verhalten reaktiv. Vielleicht greift ihr einander an oder stoßt einander weg, wendet euch ab oder verschließt euch emotional. Das bedeutet nicht, dass eure Beziehung nicht funktioniert. Es bedeutet einfach, dass jetzt die echte Beziehungsarbeit beginnt. Seid ihr beide reif und engagiert genug, um die psychische Arbeit zu tun, die nötig sein wird, um durch eure Triggererfahrungen hindurchzugehen und zu einer tieferen, bedeutsameren Liebe zu finden?

Junge Menschen geben häufig gute Beziehungen auf, weil sie unreif sind und unrealistische Erwartungen an den anderen haben. Wenn ihr euren Partner liebt, dann versucht, gemeinsam dranzubleiben und zu lernen, die Verantwortung für eure Verletzungen und Auslöser zu übernehmen. Versucht nicht den Partner für eure innere Verletztheit verantwortlich zu machen. Lernt aber, diese Verletzungen mitzuteilen, damit der Partner euch auf einer tieferen Ebene kennenlernen kann.

Der Affinity-Prozess (siehe mein Buch *Im Herzen leben*) bietet ein wunderbares Werkzeug an, um Verantwortung für die eigenen Gedanken, Gefühle, Worte und Handlungen zu übernehmen. Auf diese Weise beschuldigt und verunglimpft ihr einander nicht, wenn Angst oder Schuldgefühle hochkommen.

Eine intime Beziehung bietet beiden Seiten eine der intensivsten Gelegenheiten für psychisches und spirituelles Wachstum. Dein Partner hilft dir, deinen Schatten zu erkennen, anzunehmen und ihn allmählich zu integrieren, und du tust dasselbe für ihn. Wenn ihr mutig und bereit für diese gemeinsame Heilungsreise seid, werdet ihr die Grundlage für lebenslanges Glück und Erfüllung schaffen.

# Dein 22. Jahr (21–22)

In deinem 22. Jahr hast du einen Teil deines Studiums, eine Berufsausbildung oder frühe Berufserfahrungen hinter dir und bist allmählich bereit für den nächsten Schritt auf deiner Reise ins Erwachsenenleben. Es ist ein Jahr, in dem du auf das, was du tust, fokussiert sein musst, damit du ein gelungenes Ergebnis bekommst.

Dies könnte auch das Jahr sein, in dem du eine Verpflichtung in Bezug auf eine wichtige Beziehung in deinem Leben eingehst. Vielleicht entscheidet ihr, zusammenzuleben, zu heiraten oder sogar ein Kind zu bekommen. Wenn ihr euch die Zeit genommen habt, den Partner kennenzulernen und konstruktiv zu kommunizieren, habt ihr gute Chancen, mit dem Druck und den Verpflichtungen umgehen zu können, die mit einer verbindlichen Beziehung einhergehen. Ansonsten könnten der Stress und die emotionalen Erfordernisse der Beziehung dazu führen, dass deine Energie und dein Fokus von den Aktivitäten und Verpflichtungen abgezogen werden, die für deine Arbeit oder Ausbildung notwendig sind. Insofern könnte es mehr Sinn machen, getrennt zu leben, auch wenn ihr euch beide der Beziehung verpflichtet habt. Ein offenes Gespräch über diese Fragen mit deinem Partner zu führen, kann euch beiden helfen, eine Wahl zu treffen, die auf dich oder die Partnerschaft nicht allzu viel Druck ausübt.

In einem 4er-Jahr muss die Energie fokussiert werden. Disziplin und routinierte Abläufe sind wichtig. Sie helfen dir, in einen produktiven Rhythmus zu kommen, um deine Ziele mit möglichst wenig Stress zu erreichen. Ein Mangel an Erfolg – der darauf beruht, dass du dir zu viel Druck machst oder dir mehr vornimmst, als du bewältigen kannst – kann deine Zuversicht und deinen zukünftigen Erfolg ernsthaft untergraben. So gesehen ist es viel besser, deine Verpflichtungen in einem bescheidenen Rahmen zu halten und sie mit Energie und guter Absicht zu erfüllen, anstatt dir zu viel aufzuladen und zu wenig zu erreichen. Wahrscheinlich ist es weit effektiver, kleine, konkrete Schritte auf dein Ziel hin zu machen, als zu versuchen, es mit Riesensprüngen zu erreichen. Diejenigen, die sich weigern, kleine Schritte zu machen und die Latte zu hoch hängen, scheitern häufig oder brennen aus.

Jeder Misserfolg, den du erlebst, zehrt an deinen Kräften und untergräbt deine Zuversicht. Jeder deiner Erfolge stärkt dich. Kleine Erfolge führen zu größeren. Sei also geduldig. Setze dir vernünftige Ziele und mach einen Schritt nach dem anderen, bis du an deinem Ziel angekommen bist. Das ist der Weg zum Erfolg.

Dein 22. Jahr ist eine günstige Gelegenheit, um die Sicherheit aufzubauen, die du in deinem Berufsleben oder deiner Karriere und in deinen Beziehungen brauchst. Es ist von größter Bedeutung, ehrlich mit anderen zu kommunizieren. Hab keine Angst davor, deine Zweifel und Ängste auszusprechen. Lass andere wissen, wie du dich fühlst. Angeberei und Hochmut werden dir nicht helfen, aber alles offen anzusprechen verhilft dir zum Durchblick. Nimm dir die Zeit, dir über deine Gefühle klar zu werden, bevor du redest oder handelst. Wenn alles zu schnell geschieht, fahre die Geschwindigkeit herunter. Das wird dir helfen, impulsives oder reaktives Verhalten zu vermeiden, das dein Leben sehr viel stressiger und komplizierter machen würde, als es nötig wäre.

## Dein 23. Jahr (22–23)

Dein 23. Jahr ist eine wichtige Zeit der Expansion. Wenn du in einer Beziehung bist, ist es wichtig, dass dein Partner versteht, dass du dich über enge Grenzen hinaus bewegen und neue Erfahrungen machen musst. Indem ihr einander den Raum zum Wachsen gebt, wird eure Beziehung aufblühen. Du wirst in der

Lage sein, tiefer zu verstehen, wer du bist und was du brauchst, und du wirst dieses tiefere Verständnis wieder in die Beziehung einbringen und sie neu beleben. Ohne diese Zeit des unabhängigen Erforschens könntest du deine Beziehung einengend finden und versucht sein, sie aufzugeben.

Wenn du in einer Beziehung mit einem kontrollierenden Partner lebst, wirst du darin wahrscheinlich nicht lange bleiben. Du wirst einen Weg finden, dir etwas Raum zu verschaffen, vielleicht, indem du ins Ausland reist oder in einer anderen Stadt wieder zur Universität gehst. Vielleicht beendest du die Beziehung sogar oder stellst sie zurück. Das ist oft notwendig, wenn du die Freiheit haben willst, die du brauchst, um dein Bewusstsein zu erweitern und neue Erfahrungen zu machen.

Obwohl du dich logischerweise zu Menschen hingezogen fühlst, die deine Werte und Interessen teilen, ist dies auch ein Jahr, in dem du dich an neue Beziehungen heranwagst und Menschen mit einem anderen sozioökonomischen, kulturellen, religiösen oder ethnischen Hintergrund begegnest. All das trägt zu deinem Wachstum und der Erweiterung deines Bewusstseins bei. Vielleicht sind diese neuen Beziehungen nicht stabil oder langfristig, aber sie werden anregend und erhellend sein. Sie helfen dir, besser zu verstehen, wer du bist und welche Wege dir in Zukunft offenstehen könnten.

Du wirst dich auch zu Gruppen und Aktivitäten hingezogen fühlen, die dir dabei helfen, eine spirituelle Perspektive zu entwickeln. Wie in allen 5er-Jahren wirst du über einschränkende Strukturen zu Hause, an der Universität oder im Berufsleben hinausgehen müssen, um unbekannte Gewässer zu erforschen.

# Dein 24. Jahr (23–24)

Dein 24. Jahr ist ein Zeitraum, in dem du dir eine unterstützende Gemeinschaft in deiner Umgebung aufbauen möchtest. Du hast ein Jahr der Expansion hinter dir, in dem du vielen Menschen begegnet bist und neue Erfahrungen gemacht hast. Nun beginnst du zu verstehen, mit wem du dich wohlfühlst. Das kann auch Menschen einschließen, die anders sind als du, die aber dieselben Werte und Interessen teilen. Dies ist ein Jahr, in dem du aktiv am Sozialleben teilnimmst und dich Gruppen oder Organisationen anschließt, die sich den Dingen und Themen widmen, die dir Freude machen.

Wenn du auf deine Karriere orientiert bist, kann es sein, dass viele deiner Freundschaften am Arbeitsplatz entstehen. Bist du religiös, könnte dein wichtigstes soziales Umfeld in deiner Kirche, Synagoge oder Moschee sein. Wenn du dich für Sport interessierst, könntest du anderen im Fitnessstudio, im Schwimmbad oder auf dem Fahrradweg begegnen.

Indem sich dein Leben in diesem Jahr stabilisiert, denkst du vielleicht darüber nach, zu heiraten und Kinder zu haben, oder dir wird klar, dass du weiterhin deine akademische oder berufliche Laufbahn zu deiner obersten Priorität machen willst. Es ist wichtig, dass du hier deinen eigenen Weg findest und dich nicht davon beeinflussen lässt, was deine Eltern, deine Freunde, deine Kirche oder die Gesellschaft im Allgemeinen deiner Meinung nach von dir erwarten. Wenn du traditionelle Werte akzeptierst und gut mit ihnen leben kannst, wirst du einen traditionellen Lebensstil pflegen. Bist du eher ein Nonkonformist, wirst du dich zu einem Lebensstil hingezogen fühlen, der deine Kreativität und Einzigartigkeit zum Ausdruck bringt.

Was auch immer für dich richtig ist – es muss akzeptiert werden, ob es nun auf Zustimmung von anderen stößt oder nicht. Andererseits muss aber das, was für dich richtig ist, nicht unbedingt für andere das Richtige sein. Gib acht, dass du keine Urteile über andere fällst, die andere Werte oder einen anderen Lebensstil haben. Nun ein unsicherer Mensch hat es nötig, dass andere die gleichen Überzeugungen haben, oder dieselbe Wahl treffen.

# Dein 25. Jahr (24–25)

In deinem 25. Lebensjahr bist du in deinen Beziehungen mit anderen selbstbewusst. Du vertraust auf deine Kommunikationsfähigkeit, um deine Ideen und Vorstellungen mitzuteilen und einen schöpferischen Ausdruck zu finden. Das ist ein großartiges Jahr, um mit anderen an kreativen Projekten zusammenzuarbeiten, die dir ermöglichen, deine Begabungen zum Ausdruck zu bringen. Es kann auch ein großartiges Jahr sein, um sich auf eine feste Beziehung mit jemandem einzulassen, der in seiner Kraft steht und ein gleichwertiger Partner sein kann.

Mittlerweile kennst du deine Stärken und siehst, auf welche Weise deine Talente mit denen anderer kombiniert werden können, um einen Synergieeffekt zu erzeugen. Die Zusammenarbeit in einem Theaterstück, einer Band oder einem Orchester, einer Tanzgruppe oder einem neu gegründeten Unternehmen kann das Vehikel sein, das du brauchst, um Selbstvertrauen zu erlangen und zu lernen, dein Licht in der Welt leuchten zu lassen.

Andererseits ist es aber auch nicht nötig, auf andere zu warten. Geh voran, wenn du dazu bereit bist: Die Unterstützung und die Ressourcen, die du brauchst, werden auf dich zukommen. Wenn du auf deine Fähigkeiten vertraust und gelernt hast, an dich zu glauben, bist du im Einklang mit der universellen Energie. Gelegenheiten tauchen auf, ohne dass du dich anstrengen musst. Die Türen öffnen sich und du gehst hindurch.

Dies ist keine Zeit, um zu versuchen, so zu sein, wie andere dich haben wollen. Es ist ein Jahr, in dem du Vertrauen in das haben musst, was du bist. Deine Authentizität und Einzigartigkeit ziehen die Unterstützung von anderen an. Gestehe dir also zu, du selbst zu sein, tu, was du gern tust, und teile deine Freude und deine Begeisterung mit anderen.

## Dein 26. Jahr (25–26)

Dies ist ein Jahr, in dem du auf die Probe gestellt werden könntest. Beziehungen, die auf gegenseitiger Abhängigkeit beruhen, gehen in diesem Jahr häufig in die Brüche. Du kannst schlicht und einfach nicht erwarten, dass ein anderer Mensch genauso ist wie du oder dass er alle deine Bedürfnisse erfüllen kann. Unterschiede müssen akzeptiert und respektiert werden. Einige deiner Bedürfnisse wirst du dir selbst erfüllen müssen.

Auch im Berufsleben können Herausforderungen auf dich zukommen. Vielleicht bist du enttäuscht, wenn eines deiner kreativen Projekte scheitert, oder du hast einen Konflikt mit deinem Chef oder einem Kollegen. Darüber hinaus kann es sein, dass eine Krankheit oder Gesundheitsprobleme auftauchen, die nicht ignoriert werden können.

Wenn du dir während deines 23. Jahres die Zeit genommen hast, um über den Tellerrand hinauszuschauen und dein Bewusstsein zu erweitern, können die Lektionen dieses Jahres auf

ein Minimum reduziert sein. Vielleicht hast du bereits eine ab-
hängige Beziehung gelöst oder dir ein Sabbatjahr genommen.
Vielleicht hast du deine Arbeitszeit von 60 auf 30 Stunden pro
Woche reduziert und angefangen, besser für dich zu sorgen.
Das Resultat wäre eine Erneuerung der Energie in allen Bereichen deines Lebens, und die Auswirkungen dieses 8er-Jahres
würden abgemildert.

Wenn du dich in deinem 23. Jahr allerdings nicht über deinen
gewohnten Rahmen hinausbewegt hast, in einer kontrollierenden, abhängigen Beziehung geblieben bist, weiterhin wie ein
Arbeitssüchtiger gerackert und den Stress in deinem Leben in-
tensiviert hast, könnte es sein, dass du in diesem Jahr die Konsequenzen dafür tragen musst. Die Beziehung zerbricht, du verlierst deinen Arbeitsplatz oder kündigst deinen Job, hast eine
angeschlagene Gesundheit oder ein Suchtproblem tritt auf.

Jedes dieser Ereignisse kann ein Weckruf für dich sein. Damit dein Leben wieder ins Gleichgewicht kommt, sind Anpassungen im Hinblick auf deine Lebensweise erforderlich. Scheue
dich nicht, Hilfe von einem Therapeuten oder Arzt in Anspruch zu nehmen, wenn du Beistand brauchst. Wenn es angebracht ist, schließe dich einem Zwölf-Schritte-Programm
an (Anonyme Alkoholiker oder eine andere Selbsthilfegruppe,
A. d. Übers.).

Falls es dir schwerfällt, mit deinem Partner zu kommunizieren oder deine Beziehungen anderweitig in einer Krise stecken,
kann dir ein Berater helfen, besser zu verstehen, wo gesunde
Grenzen in der Beziehung nötig sind. Er kann dich und deinen
Partner dabei unterstützen, auf ehrliche Weise zu kommunizieren und eine gemeinsame Basis zu finden.

Ohne euren beiderseitigen Wunsch, eure Beziehung zu verstehen und zu verbessern, ist es wahrscheinlich, dass sie zer-

bricht, was emotionalen Schmerz in deinem Leben und dem Leben deines Partners verursacht. In deinem 26. Jahr wird eure Partnerschaft entweder von einer abhängigen zu einer gesunden Beziehung zwischen zwei eigenständigen Menschen oder sie endet.

## Dein 27. Jahr (26–27)

Dies ist das letzte Jahr deines Zyklus als junger Erwachsener. In den vorhergehenden 8 Jahren hast du eine Richtung für dein Leben gefunden, deine schulische oder berufliche Ausbildung abgeschlossen, hast gelernt, für deinen Lebensunterhalt zu sorgen und vielleicht sogar eine Familie gegründet. Du hast gezeigt, dass du unabhängig leben kannst und dich nicht mehr auf deine Eltern stützen musst. Hoffentlich vertraust du mittlerweile darauf, dass du der Kapitän deines Schicksals bist. Du triffst deine eigenen Entscheidungen und bekommst sowohl die Belohnungen als auch die darin enthaltenen Lektionen.

Im vergangen Jahr hast du begonnen, dir deine Erfolge und Misserfolge anzuschauen und die Lektionen zu lernen, die in deinen Beziehungen mit anderen auftauchen. Häufig ist es so, dass die Heilungs- und Anpassungsphase des 8. Jahres zu einer weiteren Loslösung im 9. Jahr führt, sodass man auch in diesem Jahr viel Zeit allein verbringt. Das ist ganz natürlich. Um diesen Zyklus abzuschließen, ist oft viel Selbstprüfung nötig. Du schließt mit der Vergangenheit Frieden, lässt sie los und wirst bereit, in eine neue Phase deines Lebens einzutreten.

Die wichtigsten Lektionen dieser 3. Phase, die jetzt für dich endet, betreffen deine Partnerschaft. Nähe zu einem anderen Menschen zu entwickeln, erfordert eine gute Kommunikationsfähigkeit wie auch die Bereitschaft, Verantwortung für die eigenen Gedanken, Worte und Handlungen zu übernehmen. Es erfordert außerdem die Fähigkeit, innerhalb der Beziehung angemessene Grenzen zu setzen, damit ihr beide den Raum habt, den ihr braucht, um zu wachsen und euch individuell zu entwickeln.

Nur selten erwerben wir diese Fähigkeiten in der 3. Phase des Lebens in ausreichendem Maße, um erfolgreich eine ebenbürtige, bestärkende Beziehung mit einem anderen Menschen führen zu können. Die meisten von uns machen viele Fehler. Wir triggern einander, setzen keine angemessenen Grenzen oder überschreiten die Grenzen, die wir gesetzt hatten.

Es kann natürlich sein, dass ihr die Ausnahme von der Regel seid und dein Partner und du diese frühen Jahre in den emotionalen Schützengräben der Beziehung überlebt. Wenn ihr zu den wenigen glücklichen Paaren gehört, die das schaffen, werdet ihr in diesem Jahr zu einer bewussteren Verbindung finden, in der ihr dem anderen genügend Raum lasst, um zu wachsen. Dadurch kann in eurer Beziehung im kommenden 9-Jahres-Zyklus auf eine neue Qualität des Vertrauens und der Nähe entstehen.

Sei aber nicht überrascht, wenn eine wichtige Beziehung in deinem Leben im vergangenen Jahr in eine Krise geriet oder endete. Wenn dem so sein sollte, wird es in deinem 27. Jahr darum gehen, die Lektionen aus dieser Beziehung zu lernen und emotional loszulassen, damit du dein inneres Gleichgewicht wiederfindest und bereit für den neuen Zyklus wirst.

Bist du wirtschaftlich und emotional noch von deinen Eltern abhängig, kann es sein, dass das vergangene Jahr zu einer Krise in deiner Beziehung mit ihnen führte. Vielleicht wird dir jetzt klar, dass du auf finanzielle Unterstützung verzichten musst, um die Kontrolle deiner Eltern über dich zu lockern und die Freiheit zu erlangen, deine eigenen Entscheidungen zu treffen. Wenn du das nicht schon getan hast, könnte die Abnabelung von deinen Eltern zu einem der wichtigsten Themen in deinem 27. Jahr werden. So kannst du anfangen, dein eigenes Leben zu leben. Indem du die Nabelschnur durchtrennst, die dich an deine Eltern bindet, bringst du einen neuen 9-Jahres-Zyklus der Selbstbestimmung und Bevollmächtigung in Gang.

# Der 4. Zyklus – die gefestigten Erwachsenenjahre (27–36)

## Dein 28. Jahr (27–28)

In diesem Jahr bist du damit beschäftigt, dir eine Grundlage für dein Leben als Erwachsener zu schaffen, der selbst für seinen Lebensunterhalt sorgt. Deine Lehrjahre sind vorüber, und es ist an der Zeit, in die Welt hinauszugehen, um das Leben zu gestalten, das du dir wünschst. Wie alle 1er-Jahre ist dies ein Jahr, in dem du dich allmählich auf die Richtung der kommenden 9 Jahre einstimmst. Du weißt nicht unbedingt, was du willst, und es ist wichtig, dich nicht allzu sehr unter Druck zu setzen, um Entscheidungen zu treffen, bevor du bereit dafür bist.

Dies ist ein Jahr, um neue Abenteuer zu erleben und verschiedene Aktivitäten zu erkunden. In deinem 28. Jahr bestellst du die Vorspeise deines Lebensmahls, nicht den Hauptgang. Das kommt später. Es wird ungefähr 3 Jahre dauern, bis der Hauptgang bestellt und serviert ist. Sei also geduldig. Untersuche die Möglichkeiten und Gelegenheiten, die sich auftun, geh durch die offenen Türen und schau, wohin sie führen.

Nimm dir, Zeit um zu erkennen, was sich richtig anfühlt. Bevor du dich festlegst, »probiere Dinge an«, um zu sehen, ob sie passen. Frage dich: »Steht das im Einklang mit dem, der ich bin?« Und verzweifle nicht, wenn die Antwort »nein« oder »vielleicht« lautet. Du musst nicht alles gleich festlegen. Du musst einfach nur daran arbeiten, eine klare Vorstellung davon zu entwickeln, wie du die nächsten 9 Jahre haben willst.

Erfreue dich in der Außenwelt am Zusammensein mit Freunden und am Erkunden neuer Interessen. Genieße den Augenblick, sei dir aber auch bewusst, dass die Verbindungen, die du aufbaust, ein Sprungbrett für dich sein könnten, das dir hilft, deine Vision herauszuarbeiten und dich auf deine langfristigen Ziele hin zu bewegen.

In deiner inneren Welt solltest du dir Zeit nehmen, um Ideen zu sammeln, zu fantasieren und zu träumen. Lass das Bild dessen, was du willst, Form annehmen. Jetzt ist nicht der Zeitpunkt, um alles im Detail auszuklügeln. Es ist die Zeit, um in groben Strichen zu zeichnen. Im nächsten Jahr kannst du deine Vision verfeinern. Mach dir keinen Druck, das jetzt tun zu müssen.

In deinem 28. Jahr öffnest du dein Herz und deinen Geist für eine der kraftvollsten Zeiten deines Lebens. In deinem vierten 9-Jahres-Zyklus, der in diesem Jahr beginnt, wirst du wahrscheinlich einige der wichtigsten Entscheidungen deines Lebens treffen wie zum Beispiel, welche berufliche Karriere du wählst, wen du heiratest oder mit wem du zusammenlebst, ob du Kinder haben willst oder nicht, wo du leben willst und welchen Lebensstil du anstrebst.

Es ist wichtig, dass du diese Entscheidungen ohne den Druck von Eltern, Lehrern oder Freunden triffst. Ihre Erwartungen und Träume für dich passen vielleicht gar nicht zu dir. Du bist nicht hier, um deren Träume zu leben, sondern deine eigenen zu entdecken und auszuleben. Es kann sein, dass du dich auf dieser Entdeckungsreise manchmal benebelt fühlst oder unsicher bist. Das ist oft deshalb der Fall, weil du auf andere hörst, anstatt auf dein Inneres zu hören. Wenn du dich auf deine innere Wahrheit einstimmst und deine einzigartigen Talente und Gaben bejahst, nimmt der Traum allmählich Form an und dir wird klar, was zu tun ist.

# Dein 29. Jahr (28–29)

Während es im letzten Jahr um das Erforschen neuer Möglichkeiten und das Entwickeln einer Vision für dein Leben ging, ist dieses Jahr eine Phase, in der du anfängst, einige der praktischen Details herauszuarbeiten, die nötig sind, um diese Vision in der physischen Realität umzusetzen. Du wirst forschen und das nötige Wissen zusammentragen, um dich darauf vorzubereiten, deine Vision anderen zu vermitteln (nächstes Jahr) und ihre Umsetzung in Angriff zu nehmen (im darauffolgenden Jahr). All das ist ein natürlicher, organischer Wachstumsprozess.

Das vergangene Jahr war ein Jahr zum Träumen und Ideensammeln. Dieses Jahr geht es darum, Informationen zu sammeln und zu analysieren. In vielerlei Hinsicht spielst du den Advocatus Diaboli und erkennst potenzielle Einwände oder Hindernisse, die der Verwirklichung deiner Vision im Wege stehen könnten. Du stellst Fragen, berätst dich mit Experten, die mehr Erfahrung haben als du. Mit anderen Worten: Du machst deine Hausaufgaben, damit du darauf vorbereitet bist, den Test zu bestehen, der im nächsten Jahr auf dich zukommen wird.

Du möchtest nicht unvorbereitet auf die Welt zugehen, um nicht zu riskieren, als naiv abqualifiziert zu werden. Wenn du mit anderen redest, musst du wissen, wovon du sprichst. Somit ist die Zeit, die du in diesem Jahr mit Studium und Vorbereitung verbringst, entscheidend für den Erfolg deines Projekts.

Während es einerseits notwendig ist, zu analysieren und zu vergleichen, ist es andererseits auch wichtig, in Kontakt mit deiner Intuition zu bleiben. Sonst könntest du die Verbindung zur kreativen Energie verlieren, die hinter der Vision steht. Sowohl ein klarer Verstand als auch ein offenes Herz sind notwendig, wenn du anfängst, die Dinge festzulegen. Du möchtest, dass die Form dem Inhalt gerecht wird, das heißt, du willst den Inhalt nicht in eine Form pressen, die seinen natürlichen Ausdruck verhindert.

## Dein 30. Jahr (29–30)

Das 30. Jahr ist der Zeitraum, in dem du die sogenannte Saturn-Revolution erfährst, das heißt, die Rückkehr des Transit-Saturns auf seine Position in deinem Geburtshoroskop. Dies symbolisiert den Übergang von den frühen Erwachsenenjahren zu deinen gefestigten Erwachsenenjahren. Anders ausgedrückt ist dies das Jahr, in dem du dich ernsthaft damit auseinandersetzt, deinen eigenen Lebensunterhalt zu verdienen. Du hattest 2 Jahre Zeit, um Klarheit darüber zu gewinnen, was du tun möchtest und die benötigten Informationen zu sammeln, sodass du darauf vorbereitet bist weiterzugehen. Jetzt bist du bereit, allmählich auch andere an deiner Vision teilhaben zu lassen.

Inzwischen hast du die Reife, eine der größten Verantwortungen deines Lebens zu übernehmen. Du gehst aktiv voran und legst dich höchstwahrscheinlich auf eine Partnerschaft fest. Vielleicht heiratest du sogar und denkst darüber nach, eine Familie zu gründen.

Deine Kommunikationsfähigkeit ist sowohl bei der Arbeit als auch zu Hause sehr wichtig. Gute Kommunikation mit anderen ermöglicht es dir, die Verbindungen aufzubauen, die du im Beruf brauchst, und hilft dir, deine Beziehung gesund zu erhalten.

Emotionale Stabilität ist in deinem 30. Lebensjahr von grundlegender Bedeutung. Du musst sicherstellen, dass du weder aus Pflichtgefühl noch aus einer Opferbereitschaft heraus Verpflichtungen in Bezug auf eine Partnerschaft, die Berufstätigkeit oder eine Familiengründung eingehst. Verpflichtungen solltest du nur annehmen, wenn du sie wirklich willst und sie eine notwendige Struktur für dein Leben bieten.

In einer Beziehung mit jemandem zu sein, den du nicht liebst, einen Beruf auszuüben, den du verabscheust, oder eine Familie zu gründen, nur weil andere von dir erwarten, dass du »Verantwortung übernimmst«, wird letztendlich ein Schuss nach hinten sein. Wenn dein Herz nicht dabei ist, wird es nicht funktionieren; schlage diesen Weg also nicht ein. Mach keine Versprechungen, die du nicht halten kannst, und behalte keine Strukturen bei – oder erschaffe keine neuen –, in denen du nicht glücklich sein kannst. Wenn du das tust, wirst du ein Gefängnis bauen, aus dem du irgendwann fliehen musst.

Andererseits musst du verstehen, dass jeder Angst vor Nähe und Verbindlichkeit hat. Erwarte nicht, dass es perfekt ist. Das ist es nie. Wann immer du etwas wirklich willst, musst du bereit sein, dich dafür einzusetzen und daran zu arbeiten. Verbindlichkeiten werden im Laufe der Zeit eingegangen, wenn wir uns beständig für die Menschen und Dinge einsetzen, die uns wichtig sind. Das bedeutet nicht, dass wir keine Zweifel haben oder nicht entmutigt sind, wenn Hindernisse auftauchen. Natürlich sind wir das. Wir lernen aber, Hindernisse zu umgehen und unsere Widerstände zu überwinden, um die Dinge am Laufen zu halten.

Es gibt keine perfekten Beziehungen und kein perfektes Berufsleben. In jeder Beziehung und jeder beruflichen Tätigkeit gibt es gute und schlechte Tage. Damit sie gedeihen können, braucht es Geduld, Ausdauer und Durchhaltevermögen.

# Dein 31. Jahr (30–31)

Dein 31. Jahr ist ein essenzielles 4er-Jahr. Es ist ein Jahr, in dem sich alle Lebensbereiche stabilisieren. Du wirst ein voll verantwortlicher Erwachsener und gehst Verpflichtungen ein, die für deine Berufstätigkeit und deine Beziehung notwendig sind. Physische und psychische Stabilität vorausgesetzt ist dies ein gutes Jahr, um eine Familie oder ein Unternehmen zu gründen.

Dein 31. Jahr wird dir einiges abverlangen: Du musst hart arbeiten, auf deine Ziele fokussiert bleiben und die kleinen Schritte machen, die notwendig sind, um erfolgreich zu sein. Weil ein Großteil deiner Energie nach außen gerichtet ist, ist es wichtig, dass du gut für deinen Körper sorgst, viel Schlaf bekommst, gut isst, dich ausreichend bewegst und immer wieder Zeit findest, um zu ruhen und aufzutanken.

Versuche, einen guten Rhythmus zu finden, der es dir ermöglicht, produktiv zu sein, ohne dich zu verausgaben. Lass nicht zu, dass du dich von all den Dingen, die du zu tun hast, überfordert fühlst. Sei einfach präsent und tu jeden Tag, was du tun kannst. Wenn Hindernisse auftauchen oder die Dinge aus dem

Ruder laufen, dann mach eine Pause oder konzentriere dich auf andere Aufgaben. Das Ziel ist, ganz im Moment zu sein und mit dem Leben zu gehen – so wie es sich entfaltet. Bewege dich mit dem Strom, nicht gegen ihn. Sonst wirst du dich verausgaben und entmutigt werden.

Solange du im Fluss deines Lebens bleibst, ist dies ein Jahr, in dem du ohne große Mühe unglaubliche Dinge erreichen kannst. Versuchst du aber, etwas zu erzwingen oder gegen die Strömung zu schwimmen, wird deine Erfahrung ganz anders aussehen.

Die Gefahr in einem 4er-Jahr besteht darin, dass du zu viele Verpflichtungen eingehst oder dir mehr vornimmst, als du bewältigen kannst, und dich überforderst. Du wirst zu viele Stunden arbeiten und dir nicht genug Zeit zum Ausruhen und Auftanken nehmen. Du wirst Verantwortung übernehmen, die nicht deine ist, und die Berufstätigkeit und deine Familie können zur Last werden, anstatt eine Freude zu sein. Sollte das eintreten, nimm dir eine Auszeit und finde einen Weg, dich wieder auf die universelle Energie auszurichten, damit du nicht allzu sehr kämpfen musst.

Arbeit, die ohne Freude getan wird, ist unproduktiv und führt oft zu Energiemangel, Depressionen oder anderen Gesundheitsproblemen. Gib also auf dich acht. Es ist leicht, sich in Rollen und Verantwortlichkeiten zu verlieren und zu vergessen, für sich selbst zu sorgen. Und denk daran: Wenn du nicht gut für dich selbst sorgst, wirst du keine Energie haben, um für andere sorgen zu können.

# Dein 32. Jahr (31–32)

In deinem 32. Jahr ist es für dich wichtig, dir eine Auszeit von der täglichen Arbeitsbelastung und Verantwortung zu nehmen, um einen Schritt zurückzutreten und das große Ganze zu sehen.

Du hast 4 Jahre damit verbracht, deine Vision zu realisieren, und kannst das Ergebnis deiner Disziplin und harten Arbeit sehen. Du könntest zu diesem Zeitpunkt geneigt sein, stur weiterzurackern, aber das wäre jetzt kontraproduktiv. Wenn du extrem fokussiert bist, kann es sein, dass du den Wald vor lauter Bäumen nicht siehst. Du verlierst dich in Details. Du könntest deine Zeit und Kraft mit dem Versuch verschwenden, das, was schon gut genug ist, zu perfektionieren oder zu kontrollieren. Es könnte sein, dass du zum Mikromanager wirst und so deine Angestellten demotivierst oder die Kooperationsbereitschaft deines Partners verlierst.

Dies ist ein Jahr, in dem du dein Bewusstsein erweitern und über die alten Strukturen und Begrenzungen hinausgehen musst. Vielleicht machst du eine Fortbildung oder entwickelst ein neues Produkt oder eine neue Dienstleistung, die auf dem aufbaut, was du schon erreicht hast. Vielleicht machst du eine Pause und gönnst dir einen dringend benötigten Urlaub, entdeckst ein neues Hobby oder Interesse oder nimmst an einem Workshop oder Retreat für dein persönliches Wachstum teil.

Es ist eine Zeit, frischen Wind in dein Leben zu bringen, damit es nicht langweilig und allzu vorhersehbar wird. Wenn du in diesem Jahr keine Risiken eingehst, wenn du zu sehr auf deine Ängste hörst und Gelegenheiten ausschlägst, kann es sein, dass du ein Gefängnis um dich herum errichtest. Dein Leben muss sich nicht auf vier Wände und ein Dach beschränken.

Du kannst eine der Mauern einreißen und einen neuen Lebensraum schaffen, der dich mehr inspiriert.

Du kannst das Dach anheben und ein zweites Stockwerk bauen. Gib dich nicht mit dem zufrieden, was du in der Vergangenheit gemacht hast. Ohne neue Energie wird es schal und leblos.

Natürlich möchte ich damit nicht sagen, dass du verlassen sollst, was du aufgebaut hast. Es ist aber an der Zeit, einen neuen Sinn in deinem Leben zu finden. Wie Jesus schon sagte: »Der Mensch lebt nicht vom Brot allein.« Die äußere Form muss vom Geist durchdrungen sein, sie muss beseelt sein. Das bedeutet aber nicht, dass der Mensch aufhört, Brot zu essen; er lernt eher, das Brot des Lebens zu erzeugen. Er trachtet nach Arbeit, die spirituelle Nahrung und schöpferische Erfüllung mit sich bringt.

# Dein 33. Jahr (32–33)

Bis zu deinem 33. Jahr hast du dich über die Grenzen hinausbewegt, die dich in deinem Arbeits- und Privatleben eingeschränkt hatten. Vielleicht brauchst du jetzt neue Freunde und ein unterstützendes Netzwerk, um dein weiteres Wachstum und deine Individuation zu fördern. Die Rollen und Verantwortungsbereiche zu Hause und im Berufsleben müssen sich eventuell verändern, damit du authentisch sein und dennoch die Verpflichtungen erfüllen kannst, die du eingegangen bist. Dies ist ein Jahr, in dem du und dein Partner eine beidseitig unterstützende Beziehung aufbauen könnt, in der ihr Ebenbürtigkeit und ein Gleichgewicht von Geben und Nehmen anstrebt.

Je nachdem, inwieweit ihr beide in der Lage seid, ehrlich und ohne Anschuldigungen zu kommunizieren und gemeinsam einen gangbaren Weg für eure Beziehung zu finden, könnte dies ein Zeitpunkt sein, die Verbindlichkeit eurer Beziehung öffentlich zu zelebrieren oder erneut zu bestätigen. Dein 33. Jahr ist ein gutes Jahr für eine Heirat oder andere öffentliche Verpflichtungen.

Es ist auch ein gutes Jahr, um dich aktiv in sozialen Gruppen, religiösen oder säkularen Organisationen und generell im Leben deiner Stadt oder Gemeinde zu engagieren. Wenn du Kinder hast, können viele deiner sozialen Aktivitäten ihnen helfen, bei Sport, Kunst oder anderen außerschulischen Aktivitäten mit anderen Kindern in Kontakt zu kommen und Freundschaften zu schließen. Vielleicht hast du sogar eine wichtige Rolle als Coach, Leiter einer Pfadfindergruppe oder Mentor einer kirchlichen Jugendgruppe inne.

Weil du dir ein Jahr für dein persönliches Wachstum genommen und gelernt hast, Nein zu einer Rolle als Versorger zu sagen, die dich belastet und deine Freiheit einschränkt, bist du nun in der Lage, anderen so zu dienen, wie es sich für dich gut anfühlt.

Dies ist ein Jahr, in dem du wahrscheinlich ein aktives Sozialleben hast und mit einer großen Anzahl Menschen kommunizierst. Es kann sein, dass dich viele Menschen zum ersten Mal wahrnehmen und sich zu dir hingezogen fühlen. Deine soziale Persönlichkeit ist intakt und überzeugender als bisher, weil sie mehr damit übereinstimmt, wer du als Mensch bist.

Entscheidend ist in diesem Jahr, dass du offen und klar mit deinem Partner, deinen Kollegen und der Öffentlichkeit kommunizierst.

Auch wenn es dir wichtig ist, von anderen gemocht zu werden, kannst du es nicht allen recht machen. Es kann sein, dass du bestimmten Menschen Grenzen setzen musst, die dir unangemessen viel Zeit und Energie abverlangen. Dich anderen gegenüber auf eine gesunde Weise abzugrenzen, hilft dir, dich selbst wertzuschätzen und damit auch die Menschen, die du am meisten liebst, einschließlich deines Partners und deiner Kinder, falls du welche hast.

# Dein 34. Jahr (33–34)

Dies ist ein kraftvolles Jahr für konkrete Erfolge. Gewissermaßen hast du jetzt alles im Griff. Du hast deine Talente entwickelt und das für den Erfolg notwendige Selbstvertrauen und Selbstbewusstsein aufgebaut. Jetzt kannst du erleben, dass sich deine harte Arbeit bezahlt macht.

In diesem Jahr fließt deine schöpferische Energie in die Formgebung und Produktion. Dein Geschäft kommt in Gang. Deine Karriere als Künstler macht einen Riesensprung nach vorn. Alles, worauf du hingearbeitet hast, manifestiert sich jetzt und du musst dich konzentriert dafür einsetzen.

Während dies ein Jahr ist, in dem dein Licht leuchten wird und du in der Öffentlichkeit wahrgenommen wirst, wirst du auch deine Kräfte bündeln müssen, damit du alle praktischen Aufgaben bewältigen kannst, die zur Realisierung deiner Projekte notwendig sind. Falls deine Zeit dafür nicht ausreicht, hol dir Hilfe. Stelle vielleicht einen Assistenten oder Geschäftsführer ein, der dir dabei helfen kann, gut aufgestellt zu sein.

Wie in allen 7er-Jahren besteht die Herausforderung darin, von deinem Perfektionismus abzulassen, damit deine kreative Energie fließen kann. Achte auf die Details, aber verliere dich nicht darin. Du musst das übergeordnete Bild erkennen. Du musst in der Lage sein, auf der Bühne zu stehen, ohne dir Sorgen darüber zu machen, ob die Beleuchtung funktioniert oder die Band weiß, was sie spielen soll.

Eine gute Auswahl deines Teams und gute Vorbereitung können dir die Leichtigkeit in Herz und Geist verleihen, die du brauchst, um spontan agieren zu können. Lerne, zu atmen und dich zu entspannen. Tu alles, was du tust, so gut du kannst, und habe keine Angst davor, Fehler zu machen.

Die emotionale Energie, die du in deine Arbeit einbringst, wird alle eventuellen Mängel ausgleichen. Wenn du inspiriert bist und andere inspirierst, muss deine Performance nicht perfekt sein.

## Dein 35. Jahr (34–35)

Dies ist ein Jahr, in dem deine Berufstätigkeit und/oder dein Familienleben einer gewissen Anpassung bedürfen. Du näherst dich dem Ende deines vierten 9-Jahres-Zyklus. Das vergangene Jahr war eines, in dem du gestrahlt hast und sehr produktiv warst. Jetzt hat sich die Energie verändert und sich nach innen gerichtet. Dein Zyklus hat seinen Höhepunkt erreicht, und nun ist es an der Zeit, für Innenschau, Anpassung und Heilung zu sorgen.

Wenn du eine Familie hast, wird dir vielleicht klar, dass du mehr Zeit für dich selbst und mehr Abstand von deinem Ehepartner und deinen Kindern brauchst. Es kann sein, dass du das Gefühl hast, in deinem Beruf bereits erreicht zu haben, was du dir vorgenommen hattest. Nun bist du dir nicht sicher, ob du weiterhin die gleiche Berufstätigkeit ausüben oder die gleichen beruflichen Verpflichtungen erfüllen willst.

In diesem Jahr erkennst du vielleicht allmählich, wie sich dein Leben verändern muss, damit du heil werden und ins Gleichgewicht kommen kannst.

Deine Lebensgrundlage – wo und wie du lebst, mit wem du zusammen bist und was du tust – steht auf dem Prüfstand. Du bewegst dich auf die Midlife-Crisis deines Berufslebens zu.

In deinem 35. Jahr ist es ausschlaggebend, dass du anfängst, dir dein Leben anzuschauen und zu erkennen, welche Aspekte deines Fundaments noch tragfähig sind und welche nicht. In 2 Jahren, wenn du in dein 37. Jahr eintrittst, wird es an der Zeit sein, dein Leben ganz neu auszurichten. Die Krise deiner mittleren Jahre wird in vollem Gange sein, und du wirst die Freiheit brauchen, Veränderungen vorzunehmen, damit du weiterwachsen und dich als Mensch individuell entwickeln kannst.

Die Gefahr besteht in diesem Jahr darin, dass es dich zurück in alte Rollen und Verantwortlichkeiten zieht, die bereits ihren Zweck in deinem Leben erfüllt haben. Das würde deine Midlife-Crisis hinauszögern, und es könnte sein, dass du dich dann für die nächsten 9 Jahre wie in einem Gefängnis fühlst. Natürlich wäre es ein selbst gebautes Gefängnis. Du kannst das vermeiden, indem du darauf achtest, was sich jetzt verändern muss.

Wundere dich nicht, wenn ein Unfall, eine Krankheit oder ein anderes unvorhergesehenes Ereignis dich dazu zwingt, dir Zeit zu nehmen, um dein Leben neu zu bewerten. Dies ist ein sehr gutes Jahr, um eine Pause vom gewohnten Alltag zu nehmen, zu heilen, gut für dich zu sorgen und Kontakt mit deiner inneren Führung aufzunehmen.

# Dein 36. Jahr (35–36)

In deinem 36. Jahr wirst du die Aufgaben deines 4. Lebenszyklus abschließen. Im 4. Lebenszyklus geht es darum, eine solide, tragfähige Grundlage und Struktur für dein Berufs- und Familienleben aufzubauen.

Bis zum Eintritt in dein 34. Jahr sollte dir dies gelungen sein. Im vergangenen Jahr hast du vielleicht deinen Frieden mit dem gemacht, was du hervorgebracht hast, hast aus deinen Fehlern gelernt und dir und anderen vergeben. Jetzt, da du ins 9. Jahr deines 4. Zyklus eintrittst, fängst du an, dich von dem zu lösen, was du erschaffen hast.

Alle Strukturen können einschränkend werden. Was dir in den ersten 7 Jahren dieses Zyklus zu Festigkeit und Erdung verhalf, fühlt sich im 8. Jahr allmählich einengend an und muss im 9. Jahr losgelassen werden.

Diese Struktur mag in diesem Jahr zwar noch vorhanden sein, ist aber lediglich eine leere Hülle, weil du ihr deine Energie entziehst. Ohne den Einsatz deiner Kraft und ohne die Routine, die sie unterstützt, wird die Struktur vernachlässigt und löst sich nach und nach auf. Deine Aufgabe in diesem Jahr besteht darin, loszulassen und zuzulassen, dass sie sich verändert oder zerfällt.

In deinem 36. Lebensjahr machst du dich bereit, um im nächsten Jahr in deinen 5. Lebenszyklus einzutreten. Dieser 5. Zyklus wird von deiner Midlife-Crisis bestimmt. Anders ausgedrückt wirst du in den folgenden 9 Jahren ein beträchtliches Wachstum und eine individuelle Entwicklung durchleben und die alten Strukturen werden dem nicht mehr standhalten können. Humpty Dumpty wird von der Mauer fallen und in tausend Stücke zerbersten.

Dies ist das Jahr, in dem du erkennst, dass diese Veränderungen unausweichlich sind, und du wirst anfangen, dich emotional auf sie vorzubereiten.

# Der 5. Zyklus – die Jahre der Midlife-Crisis (36–45)

## Dein 37. Jahr (36–37)

Dies ist ein Jahr, das bestens für ein Sabbatjahr geeignet ist, um die Welt zu bereisen, noch eine Ausbildung zu machen, dich zu einem Kurs für persönliche Weiterentwicklung anzumelden oder andere neue Erfahrungen zu machen, die deinen Horizont erweitern werden.

Weil dies das 1. Jahr deines 5. Zyklus ist – der zu weiterem Wachstum und großen Veränderungen in deinem Leben führen wird –, geht es in diesem Jahr darum, dein Bewusstsein zu erweitern, damit dein Leben nicht zur Routine und damit vorhersehbar und langweilig wird. Im vorhergehenden Zyklus ging es vor allem darum, Stabilität in dein Leben zu bringen. Im kommenden 9-jährigen Zyklus geht es darum, die Strukturen in deinem Leben wieder zu lockern, damit du genügend Raum zum Wachsen hast. Es ist nützlich, dich auf neue Projekte einzulassen, die dich herausfordern und deine kreative Energie in Anspruch nehmen.

Wie in allen 1er-Jahren weißt du nicht genau, wie es weitergeht, und du musst das auch nicht wissen. Es ist eine Zeit, um zu träumen, Dinge zu erforschen und Neues zu wagen. Setz dich nicht unter Druck, indem du aus Angst oder Schuldgefühlen an alten Verbindlichkeiten festhältst. Nimm wahr, dass sich dein Leben verändert. Alte Strukturen sollten bereits seit 2 Jahren in Auflösung begriffen sein und du solltest dich nun von den Ereignissen und Lebensumständen des alten Zyklus gelöst haben.

Deine Fähigkeit, dich auf die chaotische, aber spielerische Energie des neuen Zyklus einzulassen, ist essenziell, um dein Leben für sein volles schöpferisches Potenzial zu öffnen. Dies ist das Jahr, um deine Freiheit einzufordern und deinem Leben eine neue Bedeutung, einen neuen Sinn und eine neue Perspektive zu geben.

## Dein 38. Jahr (37–38)

Du hast dir hoffentlich im letzten Jahr Zeit genommen, um neue Erfahrungen zu machen und neue Wege für dein Leben auszukundschaften. In diesem Jahr wirst du anfangen, diese Erfahrungen zu verinnerlichen, zu integrieren und alles Nötige zu recherchieren, um allmählich einen Plan für die nächsten 8 Jahre zu skizzieren. Du wirst diese Reise nicht in diesem Jahr beginnen, sondern dich aktiv darauf vorbereiten, die Logistik regeln, deine Ideen und Strategien ordnen und verfeinern und von denjenigen Hilfe erhalten, die die Reise vor dir gemacht haben und dich warnend auf einige der Herausforderungen hinweisen können, die dir auf dem Weg begegnen werden.

Deine Suche nach Informationen könnte formeller Art sein, beispielsweise in einer Ausbildung oder Schulung oder informell durch Vernetzung und Internetrecherche. Wie auch immer: Du kniest dich hinein und verankerst deine Vision. Im letzten Jahr hast du den Samen gesät, in diesem Jahr gießt du die junge Pflanze und jätest das Unkraut um sie herum. Im nächsten Jahr wird sie anfangen zu wachsen und aufzublühen.

Wie in allen 2er-Jahren findest du nicht bloß die äußeren Fakten heraus, die du wissen musst. Du nimmst auch Kontakt mit deiner Intuition auf, um sicherzugehen, dass du dich in eine Richtung bewegst, die Freude macht und erfüllend für dich ist. Bei diesem Schöpfungsprozess musst du mit Herz und Verstand ganz bei der Sache sein. Im kommenden Jahr wirst du anfangen, der Welt deine neue Richtung zu präsentieren. Du wirst neue Beziehungen knüpfen, Verbindungen aufbauen und anderen deine Vision aktiv vermitteln. Die Zeit, die du dieses Jahr dafür aufwendest, dir darüber klar zu werden, wohin die Reise gehen soll und wie du dich am besten darauf vorbereiten kannst, wird sich im nächsten Jahr auszahlen, wenn die Zeit zum Handeln gekommen ist.

# Dein 39. Jahr (38–39)

Dies ist ein Jahr, in dem du viel mit anderen kommunizieren und Verbindungen knüpfen wirst, die dir ermöglichen, die Vision umzusetzen, die du in den vergangenen 2 Jahren hast wachsen lassen. Du befindest dich in einem Prozess, in dem du deine Lebensstrukturen für weiteres psychisches Wachstum öffnest. Dieser Vorgang hilft dir, in deinen Beziehungen authentischer zu sein und dir selbst in höherem Maße treu zu bleiben. Es ist unvermeidlich, dass die Veränderungen, die für dich passieren, einen Einfluss auf deine aktuelle Partnerschaft haben, falls du derzeit eine hast. Es ist sehr wichtig, dass ihr miteinander über die Veränderungen sprecht, die notwendig sind, um euch beiden den Raum und die Zeit zu geben, die ihr braucht, um als Individuen zu wachsen. Ehrlichkeit ist entscheidend, wenn ihr eure Herzen öffnet und darüber sprecht, was ihr wollt und braucht und zusammen an einer gemeinsamen Vision für die Beziehung arbeitet.

Wenn dein Partner mit beiden Beinen fest im Leben steht und sich von deinem Wachstum nicht bedroht fühlt, kann er dich unterstützen, wenn du in deinem 39. Jahr aktiv auf andere zugehst. Sollte er sich aber von deinem Wachstum bedroht fühlen, könntet ihr beide zu dem Schluss kommen, dass ihr von den Verpflichtungen, die ihr miteinander eingegangen seid, zurücktreten müsst, damit jeder die Freiheit hat, die Förderung und Unterstützung zu erhalten, die er braucht.

Gute Kommunikationsfähigkeit und Grenzen werden euch beiden helfen, Verantwortung für eure eigenen Gedanken, Gefühle, Worte und Taten zu übernehmen, ohne den anderen zu kritisieren oder zu beschuldigen. Wenn ihr zusammenbleibt, müsst ihr Wege finden, die Beziehung neu zu beleben, sodass ihr von den bestehenden Routinen nicht gelangweilt oder frustriert werdet.

Dies ist ein Jahr der Expansion für dich. Du brauchst die Freiheit, um weitergehen zu können und die Arbeits- und Beziehungsstrukturen zu schaffen, die deinem Wesen entsprechen. Es ist wichtig, dass du außerhalb deiner bisherigen Muster denkst und handelst, und es bleibt zu hoffen, dass dein Partner das versteht und dir die Freiheit lassen kann, die du brauchst.

Wenn ihr euch nicht die Zeit nehmt, um eure Beziehung jetzt wachsen zu lassen, kann es sein, dass einer von euch oder ihr beide unzufrieden werdet und euch zu anderen potenziellen Partnern hingezogen fühlt. Eine langjährige Partnerschaft, die im 39. Jahr nicht neu belebt wird, wird wahrscheinlich im 44. Jahr auseinandergehen. Wenn du das jetzt weißt, kannst du Maßnahmen ergreifen, bevor es zu spät ist.

Hast du derzeit keine Beziehung, ist dein 39. Jahr ein guter Zeitpunkt, um einem Menschen zu begegnen, der sich ebenfalls in einer Phase der Expansion und des persönlichen Wachstums befindet und mit deiner Vision für dein Leben übereinstimmt. Indem du wächst und immer mehr »du selbst« wirst, ziehst du spontan Menschen an, die deine Werte, Ziele und Vorstellungen teilen. Das führt häufig zu bedeutsamen Liebesbeziehungen oder beruflichen Verbindungen.

# Dein 40. Jahr (39–40)

In deinem 40. Jahr beginnst du die neuen Strukturen aufzubauen, die du brauchst, um deinem Leben eine neue Richtung zu geben. Demzufolge dürfte dies ein relativ stabiles und produktives Jahr für dich sein. Vielleicht hast du Wege gefunden, um deiner Karriere neues Leben einzuhauchen, indem du interessantere und anspruchsvollere Aufgaben übernommen hast. Vielleicht haben dein Partner und du eure Rollen und Verantwortungsbereiche in Bezug auf die Versorgung der Kinder und des Haushalts teilweise neu definiert. Vielleicht kündigst du beispielsweise deine Arbeitsstelle, arbeitest zu Hause und kümmerst dich um die Kinder, während du dir eine neue berufliche Existenz aufbaust. Wenn du bereits gut im Geschäft bist, hast du vielleicht damit begonnen, Aufgaben zu delegieren, damit dir mehr Zeit für deine persönliche Weiterentwicklung zur Verfügung steht. Es gibt viele Möglichkeiten.

Deine Midlife-Crisis kann bereits im 36. Lebensjahr beginnen. Dann befindest du dich schon 4 Jahre darin. Wenn du die erforderlichen Veränderungen vorgenommen hast, sollte dein Leben allmählich anders aussehen und sich anders anfühlen als zu Beginn dieses Zyklus.

Du solltest das Gefühl haben, dass du dich von Pflicht und Aufopferung entfernt hast und in Kontakt mit deiner Leidenschaft und deinem Lebenssinn kommst. In den nächsten 3 Jahren sollte die Phase des Umbruchs in deiner Lebensmitte, in der du das Fundament für ein neues, stimmigeres und authentischeres Leben gelegt hast, zum Abschluss kommen.

Wenn du nicht sehen kannst, dass dies geschieht, kann es sein, dass du den Ruf nach Veränderung nicht wirklich beherzigt hast, als er vor 4 Jahren kam. Vielleicht hältst du noch an alten Strukturen, Rollen und Verantwortlichkeiten fest, die dich an einen Lebensstil binden, den du als einschränkend und deprimierend empfindest. Sollte das zutreffen, kann es sein, dass du im nächsten Jahr mit großen Veränderungen konfrontiert wirst und es dir nicht länger möglich sein wird, dich selbst zu betrügen.

Wenn du keinen frischen Wind hineinbringst, könntest du dich in deinem 40. Jahr wie in einem selbst geschaffenen Gefängnis fühlen. Bewegst du dich in diesem Jahr nicht allmählich über diese Grenzen hinaus, wirst du erleben, dass die Gefängnismauern in deinem 41. Jahr einstürzen. Um deinen Übergang zu einem Leben zu erleichtern, in dem du mehr Raum hast, solltest du jetzt den Startschuss für deine Befreiung geben. Fang an, außerhalb der gewohnten Strukturen zu denken und zu handeln. Sei anderen gegenüber ehrlich und authentisch. Lege mehr Gewicht auf deine persönliche Entwicklung und pflege Aktivitäten, die dich aus deiner Komfortzone herausholen und dir ermöglichen, zu wachsen. Indem du deiner

Midlife-Crisis aktiv vorgreifst, kannst du einige Traumata und Dramen umgehen, die mit dieser Lebensphase in Zusammenhang stehen.

## Dein 41. Jahr (40–41)

Dies ist dein essenzielles 5er-Jahr. Es ist das Jahr, in dem es für dich wichtig ist, mit den psychischen und spirituellen Bedürfnissen in Kontakt zu kommen, die deine Midlife-Crisis ausgelöst haben. Dein 41. Jahr ist der Mittelpunkt im Lebenszyklus von 81 Jahren. Es stellt insofern einen Wendepunkt in deinem Leben dar, als du nun vom Erwachsenenalter in das gesetzte Alter übergehst. Während in der Vergangenheit die Themen Überleben und Sicherheit für dich vielleicht an erster Stelle standen, damit du den Lebensunterhalt für dich und deine Familie verdienen konntest, ist es jetzt wichtig, dass du dich um deine höheren Bedürfnisse kümmerst, um ein sinnerfülltes Leben zu leben. Das bedeutet, dass es dir nicht mehr möglich ist, einer Arbeit nachzugehen, die du nicht wirklich gern tust, oder in einer Beziehung mit jemandem zu bleiben, den du nicht liebst, nur um den Status quo aufrechtzuerhalten. Der Status quo funktioniert nicht mehr.

Es ist an der Zeit, dass du die gewohnten Muster, die du in deinem Leben erzeugt hast, hinter dir lässt, um neue Wege zu erkunden. Es ist ein Jahr, in dem du deine Freiheit einfordern musst, um deinen Horizont erweitern zu können, oder aber den Preis für deinen Selbstbetrug zahlen musst und erlebst, dass deine Gefängnismauern immer erdrückender werden.

Die Struktur, die du geschaffen hast – die Rollen, die du dir auferlegt und die Verantwortungsbereiche, die du übernommen hast –, das alles muss sich verändern und dein zunehmendes Bedürfnis nach Selbstwerdung unterstützen und widerspiegeln. Du kannst nicht länger allein darin Erfüllung finden, andere zu unterstützen und dich um sie zu kümmern. Du musst lernen, für dich selbst zu sorgen, und dir erlauben, deiner Begeisterung und deinen Träumen Raum zu geben.

Dies ist das Jahr, in dem es entscheidend ist, dass du dich respektierst, um das Drama und Trauma zu vermeiden, das sonst im Zusammenhang mit deiner Midlife-Crisis entstehen könnte. Mach eine Pause von deinen üblichen Abläufen und Pflichten. Reise, nimm dir ein Sabbatjahr, gehe wieder zur Schule oder mach aus einem Hobby einen Teilzeitjob. Fange an, die Elemente herauszuarbeiten, die nötig sind, um dein Leben neu zu definieren. Die nächsten 3 Jahre sind äußerst wichtig, um dich von einschränkenden Rollen zu befreien, neue Gemeinschaften und unterstützende Netzwerke zu entdecken und in deine schöpferische Kraft als selbstverwirklichter Mensch zu kommen.

Die Krise in der Mitte des Lebens kann als »zweite Geburt« angesehen werden, die erste war deine physische Geburt. Jetzt durchlebst du deine psychische und spirituelle Geburt. Im Idealfall geschieht das während des fünften 9-Jahres-Zyklus (vom 36. bis zum 45. Lebensjahr) und dein 41. Jahr ist für die Erweiterung deines Bewusstseins das wichtigste in diesem Zyklus. Solltest du in den vorangegangenen 5 Jahren nicht schon begonnen haben, über den Tellerrand deines Lebens hinauszuschauen, kann es sein, dass du dich wie ein Versager fühlst (selbst wenn deine äußeren Lebensumstände für andere immer noch gut aussehen). Die Form scheint intakt, aber du weißt, dass sie hohl ist. Sie befriedigt nicht mehr. Sie ist nur eine Schale, die Risse bekommen hat.

Jetzt ist die Zeit gekommen, um von innen nach außen zu leben. Definiere dich nicht über das, was du tust oder wie du dich anderen präsentierst. Fang an, für dich einzustehen, und schau, was du brauchst, damit du integer leben kannst. Sei aufrichtig und authentisch. Sei dir selbst treu.

Sei nicht das Opfer deines Lebens. Übernimm Verantwortung, indem du ein Leben erschaffst, das widerspiegelt, wer du bist, ein Leben, das deine wichtigsten Werte und Überzeugungen zum Ausdruck bringt. Dies ist eine Zeit, um deine psychischen und spirituellen Bedürfnisse zu würdigen.

# Dein 42. Jahr (41–42)

Dein 42. Jahr ist ein Zeitraum, in dem du soziale Strukturen finden musst, die dein aufkommendes Bedürfnis nach Veränderung und Transformation stillen. Das letzte Jahr war ein Schlüsseljahr in deiner Midlife-Crisis, und du hast hoffentlich damit begonnen, aktiv neue Lebenswege zu erkunden. Vielleicht bist du wieder zur Schule gegangen, hast ein Sabbatjahr genommen oder eine neue berufliche Laufbahn eingeschlagen. In einigen wichtigen Bereichen hat sich dein Leben verändert, und vielleicht mussten die alten Familienstrukturen aufgebrochen werden, um mit deinem Wachstum und deiner Entwicklung Schritt zu halten. Das könnte bedeuten, dass dein Ehepartner und du alte Vereinbarungen neu verhandelt und Veränderungen in euren gemeinsamen Verantwortungsbereichen bei der Arbeit und zu Hause vorgenommen habt.

Wenn du in deinen 20er-Jahren Kinder bekommen hast, kannst du schon die Freiheit ahnen, die auf dich wartet, wenn das Nest leer ist und deine Kinder eine Arbeit oder ein Studium aufnehmen. Hast du in deinen 30er-Jahren Kinder bekommen, dürften sie mittlerweile recht unabhängig sein, und du könntest genügend Zeit zur Verfügung haben, um in Teilzeit zu arbeiten oder zu studieren.

Unabhängig von deiner persönlichen Situation fordert dich dein 42. Jahr auf, neue Freunde und Gemeinschaften zu finden, die die Veränderungen unterstützen, die du vor Kurzem durchgemacht hast. Wenn du zum Beispiel im letzten Jahr geschieden wurdest oder dich getrennt hast, könnte es hilfreich sein, dich einer Männer- oder Frauengruppe anzuschließen, in der die Menschen ähnliche Übergangssituationen erlebt haben. Wenn du aufgehört hast zu trinken, könntest du in einer Gruppe der Anonymen Alkoholiker Unterstützung finden.

Wichtig ist, dass du neue Freunde und unterstützende Gemeinschaften findest, während in deinem Leben große Veränderungen stattfinden und du dich für neue Erfahrungen öffnest. Es ist notwendig, Teil einer Gemeinschaft zu sein, die ähnliche Erfahrungen gemacht hat. Du musst das nicht alles allein durchmachen. Es ist eher so, dass der Versuch, alles allein und ohne Unterstützung zu bewältigen, die Chance verringert, einen erfolgreichen Übergang zu schaffen.

Manchmal suchst du vergeblich Unterstützung bei alten Freunden oder Familienmitgliedern und bist enttäuscht, wenn sie nicht für dich da sein können. Sie verstehen einfach nicht, welche Veränderungen sich gerade in deinem Leben ereignet haben, und können sie oft auch nicht befürworten. Vielleicht fühlst du dich verurteilt oder zurückgewiesen, was alles nur noch schwieriger für dich macht.

Es ist immer schwer, alte Beziehungen aufzugeben, die dich in der Vergangenheit getragen haben. Aber wenn du klar erkennst, dass sie nicht mehr für dich da sein können, musst du lernen loszulassen. Dann kannst du auf andere Menschen zugehen, die ihre Midlife-Crisis durchmachen, und ihr könnt einander helfen, die schwierigen, aber notwendigen Veränderungen zu durchlaufen, die auf der Reise zur eigenen Kraft angegangen werden müssen.

# Dein 43. Jahr (42–43)

In deinem 43. Jahr wirst du dich wahrscheinlich mit neuen Freunden und spirituellen Gruppen umgeben haben, die dich darin unterstützen, in deine Kraft und zu deiner Bestimmung als einzigartiges menschliches Wesen zu finden. Es ist der Höhepunkt deines 5. Zyklus.

Es ist ein Zeitraum, in dem du dein Wesen mit viel Kreativität und Selbstvertrauen zum Ausdruck bringst. Andere bemerken dich und werden von deinem Vorbild inspiriert. Sie erkennen, wie du mutig deinem Herzen folgst und deine Talente und Gaben in die Welt trägst.

Dies ist ein Jahr, in dem du dich stark in der Außenwelt engagierst. Du wirst für andere sichtbar, und das kann nicht nur Lob, sondern auch Kritik nach sich ziehen. Das geschieht einfach, wenn man in seine Kraft kommt. Nicht jeder wird dich mögen. Manche Menschen könnten sich sogar von dir bedroht fühlen, weil du dir die Erlaubnis gegeben hast zu strahlen, was sie als egoistisch oder maßlos ansehen könnten.

Natürlich gibt es einen großen Unterschied zwischen innerer Erfüllung und Maßlosigkeit. Erstere ist das natürliche Ergebnis des Individuationsprozesses, der dir ermöglicht, ein Original mit einzigartigen Talenten und Gaben zu sein. Letztere deutet darauf hin, dass du deine »Lorbeeren« auf Kosten anderer erworben hast.

Manche Menschen werden der gegenseitigen Abhängigkeit nie entwachsen und ihr Leben damit verbringen, sich um andere zu kümmern oder zu erwarten, dass sie von anderen umsorgt werden. Diese Menschen finden einfach nicht zu ihrer Selbstverwirklichung. Sie halten einander sogar davon ab. Sie sind es, die sich am meisten von Menschen bedroht fühlen, die sich erfolgreich zum Individuum entwickeln.

Deine Verantwortung als Mensch liegt nicht darin, dich so zu zeigen, wie andere es von dir erwarten, sondern darin, dein schöpferisches Potenzial in die Welt zu bringen. Dieses Jahr wirst du genau das tun. Weil du dich authentisch, mit Begeisterung und Klarheit über deine Ziele zum Ausdruck bringst, erlebst du Fülle in allen deinen Lebensbereichen. Das trifft sowohl energetisch als auch ökonomisch zu. Die beiden Ebenen sind sogar eng miteinander verbunden. Indem du andere inspirierst, fließt eine Menge Energie wieder zu dir zurück.

# Dein 44. Jahr (43–44)

Falls du dich in deinem 35. Jahr (vor 9 Jahren) oder in deinem 41. Jahr (vor 3 Jahren) nicht mit der Frage auseinandergesetzt hast, inwiefern sich deine Lebensstruktur verändern muss, um dir zu ermöglichen, zu wachsen und dich individuell zu entwickeln, ist dies das Jahr, in dem eine Umstrukturierung unvermeidlich ist. Vor 9 Jahren war die Veränderung freiwillig. Vor 3 Jahren wurde sie angeordnet. Solltest du damals den Weckruf nicht gehört haben, wirst du ihn nun nicht länger ignorieren können. Jetzt wird die Veränderung erzwungen und könnte durch eine Krankheit, einen Unfall oder eine Gesundheitskrise von außen auf dich zukommen.

Deine Midlife-Crisis ist voll im Gange, und es ist gut möglich, dass Humpty Dumpty nicht mehr auf der Mauer sitzt, sondern hinuntergefallen und in tausend Stücke zersprungen ist, die nicht wieder zusammengefügt werden können.

Du kannst dein Leben nicht mehr im Automatikbetrieb leben und für andere da sein, anstatt auf dein eigenes Bedürfnis nach Wachstum zu hören. Dies ist ein Jahr, in dem Suchtverhalten in Bezug auf Arbeit, Medikamente oder Alkohol angeschaut werden muss. Diese Dinge taugen nicht mehr, um deinen Schmerz zu betäuben. Dein Schmerz verstärkt sich und muss anerkannt und bewältigt werden.

Sollte der Zusammenbruch noch nicht stattgefunden haben, wird er bald kommen. Tritt einen Schritt zurück und betrachte dein Leben. Nimm dir eine Auszeit von deinem Job. Beginne wenn nötig ein Zwölf-Schritte-Programm (Anonyme Alkoholiker oder andere Selbsthilfegruppe, A. d. Übers.). Nimm an einem spirituellen Retreat teil. Nimm dir die Zeit, um deinen Schmerz zu spüren, konfrontiere dich mit deinem Selbstbetrug und fange an, dein Leben von innen nach außen neu aufzubauen.

Falls deine Midlife-Crisis aber schon im vergangenen Jahr ihren Höhepunkt erreicht hatte, ist es jetzt an der Zeit, darüber nachzudenken, wie all die Veränderungen, die du durchgemacht und vorgenommen hast, wieder in eine Familienstruktur und ein Sozialgefüge integriert werden können, die dir Unterstützung für dein neues Leben bieten. Während ein Zeitraum von 7 Jahren des Wachsens und Experimentierens einerseits notwendig und befreiend für dich war, kannst du andererseits nicht ewig ein Ketzer oder Rebell bleiben. Und wenn alte

Sozialstrukturen zusammengebrochen sind, müssen irgendwann neue geschaffen werden.

# Dein 45. Jahr (44–45)

Dies ist das letzte Jahr deiner Midlife-Crisis. Die vergangenen 8 Jahre hast du dich der Erforschung neuer Wege in Bezug auf Arbeit und Beziehungen gewidmet. Du hast eine flexiblere Struktur aufgebaut, die dir genügend Zeit und Freiheit lässt, um wieder aufzutanken und deinem Leben eine neue Richtung zu geben.

Das könnte sich darin zeigen, dass du eine Karriere oder deine Ehe aufgegeben hast, oder in einer Veränderung im Hinblick auf deine Pflichten und Verantwortlichkeiten im Beruf oder in der Beziehung. Indem deine Kinder heranwuchsen und unabhängiger wurden, stand dir mehr Zeit zur Verfügung, um neue Horizonte zu erkunden.

Jetzt sieht dein Leben ganz anders aus als am Anfang des Zyklus. Vielleicht haben manche dich selbstsüchtig oder zügellos genannt, weil du die Freiheit eingefordert hast, die du zum Wachsen brauchtest. Aber Wachstum ist unvermeidlich, die Form muss sich ausdehnen, um mit der notwendigen Entwicklung Schritt zu halten. Der Einsiedlerkrebs muss die Muschel verlassen, die zu klein geworden ist, und eine größere Muschel finden, die er bewohnen kann.

Jetzt, wo du deinen Gaben und Talenten Ausdruck verleihst und dein Leben aktiv gestaltest, bist du bereit, alles, was du gelernt hast, wieder in eine neue, erweiterte Familien- und Gemeinschaftsstruktur einzubringen. In deinem 45. Jahr schließt du deine individuelle Reise ab und fängst an, dich von den Aktivitäten der letzten 8 Jahre zu lösen.

Du trittst in das Verpuppungsstadium ein, aus dem du vielleicht nicht nur als Individuum hervorgehst, das gelernt hat, sich selbst treu zu sein, sondern als ein verantwortliches Mitglied der Gemeinschaft. Das ist es, was im folgenden 9-Jahres-Zyklus geschieht.

In diesem 9. Jahr des jetzigen Zyklus musst du nicht mehr bis an deine Grenzen gehen. Du kannst dich entspannen und die Dinge auf dich wirken lassen. Du beginnst, dir darüber klar zu werden, was du der Welt, in der du lebst, zu geben hast.

# Der 6. Zyklus – die gefestigten mittleren Jahre (45–54)

## Dein 46. Jahr (45–46)

In deinem 46. Jahr ist es wichtig, neue Freundschaften zu schließen und bei Gruppen mitzuwirken, in denen du dich akzeptiert und unterstützt fühlst und wo dein Bedürfnis nach Zugehörigkeit erfüllt wird. Mit der Krise deiner mittleren Jahre, die ihren Höhepunkt im 41. Jahr hatte (40–41), hast du begonnen, dich in deinem 42. Jahr (41–42) nach neuen Freunden und sozialen Gruppierungen umzuschauen. Mittlerweile hast du die alten Strukturen hinter dir gelassen und bist bereit, dir ein ganz neues soziales Netzwerk aufzubauen. Vielleicht sind deine Kinder jetzt erwachsen. Vielleicht hast du dich scheiden lassen oder hast dich getrennt. Inzwischen weißt du, dass du nicht mehr die Person bist, die du warst, als du geheiratet hast und/oder anfingst, Kinder großzuziehen.

Die gesellschaftliche Maske, die zu tragen du gewohnt warst, ist abgefallen. Die oberflächliche Art, mit der du dich in der Vergangenheit auf andere eingelassen hast, befriedigt dich nicht mehr. Jetzt brauchst du echte Verbindungen zu Menschen, die ehrlich und authentisch mit dir sind. Eine neue Gemeinschaft oder einen neuen Freundeskreis aufzubauen kann eine Herausforderung sein, aber es ist auch spannend. Du wirst aus deinem Schneckenhaus herauskommen und dich zeigen müssen. Du musst auf andere zugehen und um das bitten, was du möchtest.

Während du dir in der Vergangenheit vielleicht eine soziale Identität zugelegt hattest, um deine Rolle als Ehepartner, Elternteil oder als Mitglied deiner Kirche zu festigen, bist du jetzt mit der Herausforderung konfrontiert, dich klarer als einzigartiges Individuum zum Ausdruck zu bringen, mit einem Bedürfnis nach gesellschaftlicher Anerkennung und Zugehörigkeit. Dein letzter 9-Jahres-Zyklus hat viele Veränderungen mit sich gebracht, während du deine Krise durchgemacht hast. Dein Gefühl für deine eigene Identität hat sich zweifellos auch gewandelt. Du bist jetzt ein wacherer und bewussterer Mensch. Und so ist dir jetzt klarer, was du brauchst und was du anderen geben kannst. Eine Gemeinschaft zu entdecken, die zu deinem authentischeren offeneren Selbst passt, das ist die Aufgabe in deinem nächsten 9-Jahres-Zyklus.

# Dein 47. Jahr (46–47)

In deinem 47. Jahr bist du weiter auf der Suche nach einem neuen sozialen Netzwerk von Freunden und Familie, die dich auf deiner Reise unterstützen können. Selbst wenn du noch nicht so recht weißt, wo der richtige Platz für dich ist, weißt du genau, wohin du nicht passt.

Du weißt, dass du nicht mehr mit oberflächlichen Beziehungen zufrieden bist, und sehnst dich nach tieferen Verbindungen. Du suchst also nach Freunden mit einem gewissen inneren Tiefgang, die die Veränderungen verstehen, die sich in deinem Bewusstsein und in den letzten 10 Lebensjahren vollzogen haben. So wie man ein Buch nicht nach seinem Umschlag beurteilen kann, kann man auch keinen Menschen aufgrund der Rolle verstehen, die er zu Hause oder bei der Arbeit spielt. So vieles hat sich äußerlich und innerlich in deinem Leben verändert, dass nur ein Mensch, der einen ähnlichen Transformationsprozess durchlaufen hat, die Stellung halten und dich unterstützen kann, wenn du im Leben gefordert bist. Und so wächst auch deine eigene Fähigkeit, für andere da zu sein, wenn du große Umbrüche erlebst, wie beispielsweise eine Scheidung, einen Berufswechsel, eine Gesundheitskrise oder den Zeitpunkt, wenn die Kinder das Nest verlassen, um zu studieren oder ins Berufsleben einzutreten.

Erfahrungen machen dich immer stärker und entschlossener, du selbst zu sein. Selbstbetrug ist zu diesem Zeitpunkt in deinem Leben keine Option mehr. Du bist nicht mehr damit zufrieden, ein Versorger zu sein, dessen Leben dadurch definiert ist, dass er die Bedürfnisse anderer erfüllt. Es kann sein, dass sich jüngere Menschen, die in koabhängigen oder missbräuchlichen Beziehungen feststecken, zu dir hingezogen fühlen, weil sie die Freiheit bewundern, die du für dich eingefordert hast. Du bist in der einzigartigen Position, anderen dabei helfen zu können, sich aus dem Teufelskreis von Selbstaufopferung und Selbstbetrug herauszubewegen.

Darüber hinaus könntest du Gelegenheit haben, auf eine Art und Weise zu dienen, die dich erfüllt, indem du Mitglied einer Gemeinschaft authentischer Erwachsener bist, die anderen etwas geben möchten. Das Wesentliche dabei ist, dass du jetzt gibst, weil du es willst und weißt, wie du es tun kannst, und nicht, weil du es musst. Du suchst nicht nach gesellschaftlicher Anerkennung, sondern trägst eher dazu bei, den unterstützenden Kreis auf diejenigen auszudehnen, die Hilfe brauchen.

Dennoch ist dies kein Jahr, in dem du aktiv dienen oder an Gemeinschaftsaktivitäten beteiligt sein musst. Es ist eher so, dass dir in diesem Jahr allmählich bewusst wird, was du von einer Gemeinschaft brauchst und was du im Gegenzug einbringen kannst. Vielleicht hast du letztes Jahr begonnen, viele verschiedene Optionen für soziale Kontakte zu erkunden, und erkennst dieses Jahr, welche dich am meisten zufriedenstellen. Dein 47. Jahr ist eine Zeit, in der du zu innerer Klarheit gelangst und auf deiner Suche nach Gemeinschaft eine Richtung findest.

# Dein 48. Jahr (47–48)

In deinem 48. Jahr hast du ein sehr reges Sozialleben und bist damit beschäftigt, viele neue unterstützende Beziehungen mit Menschen entstehen zu lassen, die dich verstehen und deine Werte und Interessen teilen. Weil du so stark wahrgenommen wirst, ist es wahrscheinlich, dass du eine romantische Beziehung in dein Leben ziehst, falls du nicht schon eine hast.

Dein Partner und du, ihr werdet wahrscheinlich derselben Gruppe angehören, und wenn dem so ist, wird eure Beziehung nicht nur eine private, sondern auch eine öffentliche Seite haben. Euch könnte sehr bewusst werden, wie ihr in der Außenwelt wirkt, und ihr tut vielleicht euer Bestes, um anderen ein harmonisches Bild zu präsentieren. In dem Maß, in dem ihr euch beide darüber klar geworden seid, wer ihr seid und was ihr wollt, ist dieses öffentliche Image authentisch. Es könnte das tatsächliche Maß an Vertrauen und Nähe widerspiegeln, das ihr miteinander habt. Ist das aber nicht der Fall, könnte das Image, das ihr der Welt präsentiert, nur eine weitere Maske sein, die früher oder später abfallen wird. Die meisten romantischen Luftschlösser lösen sich wieder auf, und wenn das in der Öffentlichkeit geschieht, kann das peinlich, wenn nicht gar demütigend sein.

Um Enttäuschungen zu vermeiden, ist es wichtig, dass der private Aspekt eurer Beziehung von ehrlicher Kommunikation, häufigem Austausch und der Akzeptanz der Unterschiede getragen ist. Echte Nähe kann nicht zerstört werden, selbst wenn das öffentliche Bild getrübt ist. Zwei Menschen, die zueinander stehen, werden Möglichkeiten finden, um alle Hindernisse auf ihrem Weg zu überwinden.

Eine positive Seite kann dieses Jahr haben, wenn ihr Lob und Beachtung als authentisches Vorbild für andere Paare erhaltet. Weil ihr lernt, wie ihr ein Gleichgewicht zwischen den privaten und öffentlichen Aspekten der Beziehung herstellen könnt, könnt ihr zusammen in der Gemeinschaft aktiv sein, ohne das anhaltende Vertrauen und die Nähe, die ihr miteinander habt, zu opfern.

# Dein 49. Jahr (48–49)

In deinem 49. Jahr bist du tatkräftig dabei, dich in neue erweiterte Familien, Sozialgefüge und Organisationen einzubringen, die deinen eigenen Bedürfnissen und den Bedürfnissen derer entsprechen, die dir wichtig sind.

Dies ist ein Jahr, in dem du dein leidenschaftliches Engagement für den Aufbau von Gemeinschaften vollständig zum

Ausdruck bringen kannst. Du wirst dich mit anderen zusammentun und hart an der Umsetzung eurer gemeinsamen Vision arbeiten. Darüber hinaus wird deine Karriere aufblühen und du wirst in deiner Gemeinschaft deutlich wahrgenommen.

Während der Krise in deinen mittleren Jahren ging es vor allem darum, wieder eine Struktur für dein Leben aufzubauen, die in höherem Maße widerspiegelt, wer du bist. Das bedeutete, familiäre und gesellschaftliche Rollen loszulassen, mit denen du es anderen recht machen wolltest, die aber deine Koabhängigkeit verstärkten und letztendlich zum Selbstbetrug führten. Indem du alte Sozialgefüge aufgabst, die in deinem Leben nicht mehr funktionierten, warst du bereit, neue aufzubauen, die all das Wachstum widerspiegelten, das in deinen mittleren Jahren stattfand.

Jetzt hast du keine Angst mehr davor, andere zu enttäuschen. Du weißt, dass du dein Leben nicht mehr lebst, um anderen zu gefallen oder ihre Anerkennung zu erhalten.

In deinem Leben geht es jetzt um Selbstermächtigung und um die Unterstützung, die du von anderen dazu brauchst. Du bist nicht mehr bereit, ein Opfer zu sein, in einer koabhängigen Beziehung oder in Gruppen zu bleiben, wo du dich starren Normen anpassen musst.

Während andere Leute dich in der Vergangenheit über deine Tätigkeit definierten oder über die Rollen, die du gespielt hast, beziehen sie sich jetzt auf dich als authentische Person, die von innen heraus lebt und nicht nach äußeren Rollen beurteilt werden kann. Sie wissen nun, dass sie dich ernst nehmen müssen.

Du lebst mit großer Intensität und bist bereit, alles zu tun, was nötig ist, um die Dinge voranzubringen. Du »hackst Holz und schleppst Wasser«, zeigst dich auf Treffen, inspirierst und führst andere. Du bringst andere dazu, an deine Vision zu glauben, und die Organisationen, denen du dich verbunden fühlst, aktiv zu unterstützen.

Du hast gelernt, ohne Schuldgefühle deine Träume zu leben und das zu tun, was dich begeistert. Du bist in der Lage, auch dann weiterzugehen, wenn andere dich verurteilen oder nicht verstehen. Und wenn die Unterstützung deiner alten Freunde wegfällt, gehst du neue Freundschaften und Bündnisse ein.

Dein 49. Jahr ist eine Zeit großer praktischer Erfolge für dich. Es ist wahrscheinlich eines der produktivsten Jahre deines Lebens. Du wirst in diesem Jahr ungemein stark wahrgenommen und in deiner Gemeinde und deinem Umfeld sehr respektiert und geschätzt. Deine harte Arbeit zahlt sich in messbaren Ergebnissen aus und andere profitieren unmittelbar davon.

# Dein 50. Jahr (49–50)

Die neuen sozialen Netzwerke, die du dir in den letzten 4 Jahren aufgebaut hast, unterstützen dich darin, außerhalb der üblichen Denkmuster zu bleiben, dir selbst treu zu sein und authentisch zu leben. Dies ist ein Jahr, in dem auch die Erweiterung des Bewusstseins nötig ist.

Nach einem intensiven Jahr, in dem du hart an deiner Karriere und dem Aufbau der Gemeinschaft um dich herum gearbeitet hast, wird es Zeit für dich, einen Schritt zurückzutreten und zu betrachten, was du erreicht hast. Es ist wichtig, dass du dich nicht in der Arbeit oder der Routine verlierst, weil du sonst nicht erkennst, was sich verändern muss, damit deine Projekte weiterhin gedeihen können. Dir ein Jahr für Reisen zu nehmen oder dir genauer anzuschauen, was andere machen, kann dir helfen, deinen Horizont in Bezug auf deine Arbeit zu erweitern und sie mit neuer Energie und neuen Erkenntnissen zu bereichern. Hast du aber den psychischen und spirituellen Bedürfnissen, die sich in deiner Midlife-Crisis bemerkbar gemacht haben, keinen Raum gegeben, könnte dein 50. Jahr schwierig verlaufen. Du könntest immer noch versuchen, dein Leben so zu führen, wie es anderen gefällt, und alte Sozialstrukturen beizubehalten. Das Problem ist, dass diese Rollen, Verantwortungsbereiche und routinemäßigen Abläufe nicht mehr funktionieren. Die anderen sind nicht mehr zufrieden. Sie spüren, dass du nicht mehr für sie da bist – vielleicht weil sie wissen, dass du nur noch dem äußeren Anschein nach, aber nicht mehr mit dem Herzen dabei bist.

Wenn das der Fall ist, ist es an der Zeit, dass du aufhörst vorzutäuschen, jemand zu sein, der du nicht mehr bist. Dies ist ein Jahr, in dem du die Farce beenden musst. Komm wieder in dein Herz. Schaffe Klarheit darüber, was du brauchst und willst. Sei ehrlich und bitte andere um die Freiheit, die du brauchst, um dich individuell zu entwickeln.

Es ist besser, zu riskieren, andere zu enttäuschen, als im Selbstbetrug zu leben. Selbstbetrug führt zwangsläufig zum Betrug an anderen. Das ist nur eine Frage der Zeit. Erspare dir und anderen das künftige Trauma und triff die mutige Entscheidung, dich jetzt zu respektieren. Das ist letztendlich das beste Geschenk, das du den Menschen machen kannst, die dein Leben mit dir teilen.

# Dein 51. Jahr (50–51)

Dies ist dein essenzielles 6er-Jahr. Es ist ein Jahr, das den Erfolg der sozialen Netzwerke feiert, die du aufgebaut hast, und der Dienste, die du denjenigen in deiner Gemeinschaft geleistet hast, die Beistand und Unterstützung brauchen. Es ist nie einfach, Organisationen aufzubauen, die auf die Bedürfnisse derer eingehen, denen sie dienen sollen. Es erfordert ein hohes Maß an Mitgefühl und die Fähigkeit, mit unterschiedlichen Menschengruppen zu kommunizieren, die alle ihre speziellen Bedürfnisse und Sichtweisen haben. Deine Fähigkeit hinzuhören, was andere brauchen, und einen Konsens zu finden, zahlt sich in diesem Jahr aus, indem du siehst, dass die Organisationen, die du unterstützt oder aufgebaut hast, wachsen und gedeihen und ihren Zweck erfüllen. Du hast deinen Platz in der Welt gefunden. Du spürst, dass du selbst in der Öffentlichkeit authentisch sein kannst, und wirst von anderen geschätzt und respektiert. Ob du nun ein Führer oder ein Anhänger bist: Die Menschen wissen, dass sie auf dich zählen können und dass du für sie da bist. Das gibt dir ein hohes Maß an Glaubwürdigkeit.

Vielleicht entscheidest du dich dafür, deinen guten Ruf zu nutzen, um dich für ein politisches Amt zu bewerben oder in deiner Gemeinde eine wichtige Führungsposition zu übernehmen. Das ist ob des Erfolges, den du verzeichnen konntest, voll und ganz angemessen. Während du in noch größerem Umfang bekannt wirst und in eine Machtposition aufsteigst, kannst du einen noch größeren Einfluss auf das Wohlergehen deiner Gemeinschaft ausüben.

Achte aber darauf, dass deine Motive ehrenwert sind. Viele Menschen, die in eine Machtposition und privilegierte Stellung aufsteigen, missbrauchen diese, um sich selbst sowie ihren

Freunden und ihrer Familie Vorteile zu verschaffen, anstatt der Gemeinschaft im weiteren Sinne zu dienen. Sie missbrauchen das öffentliche Vertrauen und werden irgendwann vielleicht öffentliche Kritik oder sogar Demütigung ertragen müssen.

Geh nicht diesen Weg. Sei weder selbstsüchtig noch nachlässig. Achte sorgfältig darauf, was du sagst und tust. Es passiert leicht, dass Worte fehlgedeutet und Beweggründe falsch verstanden werden.

Bemühe dich um Ehrlichkeit und Transparenz in allem, was du sagst und tust, dann wirst du weiterhin das Vertrauen und den Respekt der Öffentlichkeit gewinnen.

# Dein 52. Jahr (51–52)

So, wie es auch im letzten Jahr der Fall war, bringt dich dein schöpferischer Selbstausdruck auf ganz natürliche Weise mit anderen Menschen zusammen. Dies ist ein Jahr, in dem du deutlich wahrgenommen wirst, indem du deine Talente und Gaben in der Öffentlichkeit zum Ausdruck bringst.

Während du in der Vergangenheit vielleicht Angst davor hattest, dich authentisch zu zeigen, weil du Kritik oder Zurückweisung befürchtetest, weißt du jetzt, dass du den Mut aufbringen musst, du selbst zu sein, auch wenn andere nicht mögen, was du zu geben hast.

Während du in deinem letzten Zyklus (beispielsweise mit 43) vielleicht das Selbstvertrauen entwickelt hast, deine schöpferische Arbeit nach außen zu bringen, kann es sein, dass du das auf eine rebellische, aufdringliche oder distanzlose Art und Weise getan hast. Es mag sein, dass sich einige Menschen davon angezogen fühlten, aber andere fühlten sich wahrscheinlich abgestoßen und lehnten dich als zügellos, geltungsbedürftig oder ichbezogen ab.

Mittlerweile bist du in deinem Selbstausdruck milder und zwangloser geworden. Infolgedessen sprichst du eher die allgemeinen Themen und Sehnsüchte der Menschen an, was dazu führt, dass deine Arbeit eine größere Zuhörerschaft findet.

Weil du nicht mehr das Gefühl hast, dir deinen Selbstwert beweisen oder die Anerkennung anderer suchen zu müssen, werden deine harten Kanten weicher, sodass andere dich eher akzeptieren und dich als Bruder oder Schwester anerkennen. Anstatt zu versuchen, nur für dich selbst oder auf Kosten anderer zu glänzen, glänzt du jetzt als ein Mensch, der andere dazu inspiriert und befähigt, an sich zu glauben.

In diesem wichtigen Jahr des Selbstausdrucks und der öffentlichen Wahrnehmung bereitest du die Bühne, auf der du in deinem 60. und 61. Jahr in die Fülle deiner schöpferischen Kraft und Bedeutung gelangen wirst.

# Dein 53. Jahr (52–53)

In den vergangenen 5 Lebensjahren warst du sehr damit beschäftigt, dir eine neue erweiterte Familie sowie soziale Netzwerke und Verbindungen aufzubauen, die dein Bedürfnis nach Unterstützung und Zugehörigkeit erfüllen. Du hast das Wachstum und die Entfaltung deiner individuellen Persönlichkeit, die sich in der Midlife-Crisis vollzog, erfolgreich in dein Leben integriert.

Jetzt ist der Großteil dieser Arbeit getan, und es ist an der Zeit, dass sich deine Energie allmählich wieder nach innen wendet. Wie in allen 8er-Jahren geht es in diesem Jahr um Heilung, Vergebung und psychische Anpassung, die nötig sind, um dein Leben mehr ins Gleichgewicht zu bringen.

Eine weitere notwendige Anpassung besteht darin, dass du mit den Veränderungen zurechtkommen musst, die sich in deinem physischen Körper abspielen, wenn du durch die Wechseljahre gehst. Jetzt wirst du lernen müssen, auf deinen Körper zu hören und gut für dich zu sorgen. Vielleicht musst du deine Erwartungen an dich herunterschrauben, langsamer machen, bewusster mit Stress umgehen und lernen, deine Energie weise einzusetzen. Das Altern muss keine negative Erfahrung sein, wenn du es akzeptierst und dich den sich verändernden Bedürfnissen anpasst.

Die Schwierigkeiten entstehen, wenn du die Wechseljahre nicht akzeptierst und versuchst, dir und anderen zu beweisen, dass du immer noch 30 Jahre jünger bist. Der Versuch, das Äußere deines Körpers (dein Aussehen) etwa durch Schönheitschirurgie zu verbessern, wird nicht unbedingt deinem Bedürfnis nach besserer Gesundheit und Balance (dein Wohlbefinden) gerecht. Wenn du daran arbeitest, gut für dich zu sorgen, indem du gut isst, dich ausreichend bewegst und den Stresslevel in deinem Leben senkst, wirst du dich wohler fühlen und folglich besser aussehen. Positive Veränderungen geschehen von innen heraus, nicht von außen nach innen.

Deine Aufgabe in deinem 53. Jahr besteht nicht darin, dir eine neue Maske zuzulegen oder dich zwanghaft mit deiner äußeren Erscheinung zu beschäftigen, sondern darin, deine gesundheitlichen Probleme anzugehen, indem du alte, destruktive Konsumgewohnheiten veränderst, dein Leben vereinfachst und dir einen gesunden Lebensstil aneignest. Ebenso wichtig sind eine positive innere Einstellung und ein Netzwerk von Freunden, die ihrerseits lernen, auf eine gesunde und selbstbestimmte Weise zu leben.

# Dein 54. Jahr (53–54)

Dies ist das letzte Jahr deines 6. Zyklus. In den vergangenen 8 Jahren hast du einen Weg gefunden, innerhalb deiner Familie und Gemeinschaft authentisch präsent zu sein. Du hast neue Freundschaften geschlossen und neue Gruppen kennengelernt, die dich in deinem Wachstumsprozess unterstützen, und du hast Wege gefunden, wiederum anderen etwas zurückzugeben, indem du mit ihnen teilst, was du aus den Jahren deiner Midlife-Crisis gelernt hast. Du wirst von anderen wahrgenommen und hast Aufgaben übernommen, die dir Freude machen. Du hast eine solide Basis geschaffen, auf der du beständig aufbaust, während du in den kommenden 9 Jahren ganz in deine schöpferische Kraft kommst.

Vielleicht ist dies ein Jahr, in dem du dich von einigen deiner sozialen Verpflichtungen zurückziehst, um dir genügend Raum zu geben, die Saat der starken schöpferischen Energien aufgehen zu lassen, die in diesem Zyklus gesät wurde. Vielleicht brauchst du Zeit in der Stille oder in der Natur. Vielleicht nimmst du an einem spirituellen Retreat teil. In diesem Jahr gelangst du in den Schoß, der dich in die kreativsten und produktivsten Jahre deines Lebens entlassen wird.

Hab keine Angst davor, dir die Zeit und den Raum zu nehmen, die du brauchst. Sei dankbar für die sozialen Kontakte, die du gepflegt hast. Sie werden dir in Zukunft sehr nützlich sein. Lass andere aber wissen, dass du auch Zeit für dich selbst brauchst. Teile ihnen mit, dass du an einigen wunderbaren Projekten arbeitest, die deine Zeit und Aufmerksamkeit beanspruchen. Sie werden das verstehen.

Selbst wenn du dich im Moment nicht kreativ fühlst, musst du dir dennoch Zeit nehmen, um zu dir zu kommen und dich auf den Moment einzulassen. Es ist wichtig, loszulassen und nicht von äußeren Energien und Erwartungen abgelenkt zu werden. Lass das Feld brach liegen, damit es sich regenerieren kann. Wenn dann die Zeit zum Pflanzen gekommen ist, kannst du mit einer reichen Ernte rechnen.

# Der 7. Zyklus – die Jahre der Selbstverwirklichung (54–63)

## Dein 55. Jahr (54–55)

Wenn du in dein 55. Jahr kommst, ist deine Midlife-Crisis abgeschlossen. Du hast alte familiäre und soziale Bindungen aufgegeben, hast neue Freundschaften geschlossen und dir spirituelle Familien gesucht, wo du authentisch sein kannst. Du hast jetzt genügend Vertrauen in dich selbst und fühlst dich bereit, deine Talente und Gaben ungehindert in der Welt zum Ausdruck zu bringen.

In diesem Jahr wirst du neue Risiken eingehen und neue Wege des Selbstausdrucks erforschen. Du wirst lernen, deinem schöpferischen Prozess zu vertrauen, und die Unterstützung des Universums spüren, weil du den Mut und das Selbstvertrauen hast, du selbst zu sein. Die folgenden 9 Jahre werden ein Zyklus der Meisterschaft und der schöpferischen Erfüllung für dich sein. Du wirst tun, was du gern tust. Du wirst mit Freude, Zuversicht und Spontaneität leben. In diesem 9-Jahres-Zyklus wird sich dein Lebenszweck offenbaren und du wirst ihn aktiv erfüllen.

Wundere dich nicht, wenn anfangs alte Versagensängste aufkommen und dich auf die Probe stellen. Jetzt hast du die Stärke, durch diese Ängste hindurchzugehen. Du wirst dich weder aufhalten lassen noch wirst du versuchen, es anderen recht zu machen. Diese Tage des Selbstbetrugs sind vorbei. Jetzt, wo du dich entschlossen hast, du selbst zu sein, kannst du nicht versagen. Spüre also die Angst und tu es trotzdem. Wisse, dass das Universum dich dabei unterstützt, deine Individualität zu entfalten und deine einzigartigen Talente in der Welt zum Ausdruck zu bringen.

Denke wie bei allen 1er-Jahren daran, dass dies nicht der Zeitpunkt ist, um dich unter Druck zu setzen. Der Erfolg wird sich ganz von selbst zur rechten Zeit und am rechten Ort einstellen. Dies ist ein Jahr, um zu experimentieren, neue Herangehensweisen auszuprobieren, deine Vision zu entwickeln und intuitiv mit dem Schöpfungsprozess zu gehen, der in den kommenden 2 Jahren Form annehmen wird. Deine Geduld und Milde mit dir selbst wird mehr bewirken als alles andere, um der inneren Vision Nahrung zu geben und ihr die Zeit zum Reifen zu lassen, die sie braucht, um zur rechten Zeit zur Welt zu kommen.

## Dein 56. Jahr (55–56)

In diesem Jahr wird dir klar, wer du bist und was du auf welche Weise mit anderen teilen möchtest. Du bist in Kontakt mit deinen Gedanken und Gefühlen. Du hörst nicht nur auf deinen Kopf, sondern auch auf dein Herz. Du hast dein Bedürfnis, es anderen recht machen zu wollen, losgelassen und fühlst dich frei und stark genug, du selbst zu sein. Das bedeutet, dass du

akzeptierst, inwieweit du anders als andere bist, und dir zuge-
stehst, dich ehrlich und authentisch zu zeigen. Dies ist ein Jahr,
in dem du dich von innen heraus kennen und erleben wirst und
dich auf einen neuen und in höherem Maße authentischen
Selbstausdruck in der Welt vorbereitest.

Wundere dich nicht, wenn das kreative Projekt, das gerade
im Entstehen ist, ganz anders aussieht als alles, was du in der
Vergangenheit gemacht hast.

In mancher Hinsicht könnte es einfacher und überzeugender
sein. Du hast ein neues Vertrauen in deine schöpferischen
Qualitäten gewonnen und keine Angst davor, Risiken einzugehen. Du hast auch eine viel klarere Vorstellung davon, was die
Herzen anderer erreichen wird, und nimmst dir die nötige
Zeit, um zu recherchieren, zu lernen und die notwendigen Vor-
bereitungen für deine neue Arbeit zu treffen.

In deinem 56. Jahr bist du bereit, mit der Arbeit zu beginnen,
die das Herzstück deines schöpferischen Lebens sein wird.
Nächstes Jahr und im Laufe der kommenden 5 Jahre wirst du
erleben, dass andere daran teilhaben und sie schätzen werden.
Diese Jahre markieren den Höhepunkt deiner Selbstverwirklichung und bescheren dir die größten kreativen Erfolge.

## Dein 57. Jahr (56–57)

Dein 57. Jahr ist ein Zeitraum, in dem du beginnst, andere an
den kreativen Projekten teilhaben zu lassen, die du in den vergangenen beiden Jahren entwickelt hast. Jetzt erkennen andere
allmählich, worauf du hinauswolltest, und sind gespannt, mehr
darüber zu erfahren. Dein schöpferisches Tun blüht in deinem
57. Jahr auf.

Es ist auch eines der besten Jahre für eine Partnerschaft oder Heirat und im Allgemeinen eine Zeit, in der du dich an vielen gelingenden Beziehungen erfreust. Mittlerweile hast du die Fähigkeit entwickelt, ehrlich zu kommunizieren, und bist dir darüber im Klaren, was du in einer Partnerschaft brauchst und was du willst. Du hast einschränkende Rollen und Verantwortlichkeiten hinter dir gelassen und bist in der Lage, auf eine Art und Weise zu leben, die dir entspricht. Du versuchst nicht mehr, es anderen recht zu machen oder deren Zustimmung zu erhalten.

Du hast den Mut und die Freiheit, du selbst zu sein, und die Weisheit, anderen zuzugestehen zu sein, wie sie sind. Die Tage der abhängigen Beziehungen sind vorbei. Jetzt weißt du – und dein Partner weiß das auch –, dass du keine andere Wahl hast als die, du selbst zu sein und die Wahrheit über deine Erfahrung zu sagen. Dies ist ein Jahr, in dem du (entweder mit oder ohne deinen Partner) lehrend, führend, vermittelnd Vorbild bist und anderen zeigst, wie sie authentisch in einer Partnerschaft leben können. Du legst ein großes Selbstvertrauen an den Tag, das andere inspiriert und ihnen die Hoffnung gibt, dass auch sie erfolgreich darin sein können, erfüllende Beziehungen zu leben.

Wenn beide Partner in einer Beziehung die Erlaubnis und die Freiheit haben, sie selbst zu sein, verkörpert ihre Beziehung die Ebenbürtigkeit und den gegenseitigen Respekt, die es ihnen ermöglichen, ein gutes, erfolgreiches Leben zu führen und sowohl allein als auch gemeinsam ihre schöpferischen Ziele zu erreichen.

Die Fähigkeit, den Partner zu unterstützen und mit ihm zusammenzuarbeiten, macht vieles möglich, das nicht zustande gekommen wäre, wenn jeder für sich allein gehandelt hätte. Du und dein Partner, ihr lernt miteinander, euch einem tieferen schöpferischen Impuls zu überlassen, der euch Fülle und Wohlstand in allen Aspekten eures Lebens bescheren kann.

## Dein 58. Jahr (57–58)

In deinem 58. Jahr hast du dich in deinem neuen Zyklus stabilisiert. Du machst die Arbeit, die du gern tust und die auf interessante und kreative Weise zum Ausdruck bringt, wer du bist. Du hast viele gelingende Beziehungen.

Die Struktur, die du für dein Leben gefunden hast, hilft dir, dich mit dem Strom des Universums zu bewegen. Dies ist ein Jahr der Fülle, weil die schöpferische Energie, die du hervorbringst, dir auf natürliche Weise die Mittel zur Verfügung stellt, die du brauchst, um zu leben und aufzublühen. Ähnlich ist es mit deinen Verpflichtungen, die sich für dich ganz selbstverständlich anfühlen. Weder belasten sie dich noch setzen sie dich unter Druck, etwas durchzuführen oder produzieren zu müssen. Du arbeitest mit Freude und bist mit anderen auf eine Art und Weise verbunden, die sie unterstützt und bestärkt. Endlich fließt dein Leben leicht, es folgt seiner eigenen Strömung wie ein Fluss, der zum Meer fließt. Das Ziel und die Reise sind eins. Somit spürst du bei jedem Schritt, den du machst, Zufriedenheit, weil du weißt, dass du dein Ziel zur rechten Zeit erreichen wirst.

Weil du gelernt hast, dir zu vertrauen, und tust, was getan werden muss, ohne zu murren, lebt sich das Leben wie von selbst. Du musst nicht gegen das Leben arbeiten. Du hackst Holz, schleppst Wasser, bist zur Stelle, wann und wo du gebraucht wirst, und die Dinge kommen ohne große Anstrengung voran. Selbst dann, wenn die Stürme des Lebens kommen, begegnest du ihnen geduldig, weil du weißt, dass alle Stürme vorbeigehen und wieder Zeiten der Ruhe und des Friedens einkehren werden. Weil du lernst, voller Vertrauen und mit Dankbarkeit zu leben, erfährst du Gnade.

In deinem 58. Jahr sind deine Kreativität und dein Lebenszweck offensichtlich. Wie ein Gedicht oder ein Gemälde, das im Entstehen begriffen ist, fließt deine Kreativität heraus in die Welt. Du gibst deine Gaben freimütig und sie werden mit Wertschätzung empfangen.

# Dein 59. Jahr (58–59)

Wenn es dir gelungen ist, deinem Leben während der Midlife-Crisis einen neuen Sinn zu geben, wird dieses Jahr ein Wendepunkt für dich sein. Du wirst gelernt haben, ehrlich und authentisch mit anderen zu sein und in Freundschaften und Gemeinschaften zu leben, die dich darin unterstützen, dir treu zu bleiben.

Demzufolge ist dies ein Jahr, in dem du wirklich dein Licht leuchten lassen kannst. Andere erkennen dein Selbstvertrauen und deine Bereitschaft, präsent zu sein und zum Ausdruck zu bringen, wer du bist. Alle deine schöpferischen Kräfte sind aktiv, und du lebst anderen vor, was es heißt, ein selbstverwirklichter Mensch zu sein.

Dies ist ein Jahr außerordentlicher Freiheit – um zu gestalten, zu reisen und dein Bewusstsein zu erweitern. Nichts kann dich aufhalten. Du hast die Schwungkraft einer erfolgreich gemeisterten Midlife-Crisis hinter dir und hast nun volle Rückendeckung. All die Zeit, die du damit verbracht hast, dich persönlich weiterzuentwickeln, Risiken einzugehen und spirituelle Bereiche zu erkunden, zahlt sich jetzt aus. Du bist dabei, voll und ganz du selbst zu werden.

Ein guter Lehrer ist nicht nur jemand, der sich mit seinem Lehrstoff auskennt. Ein guter Lehrer lebt vor, was er lehrt. Weil du deine eigene Lernerfahrung gemeistert hast, werden andere von dem inspiriert, was du ihnen als Lehrer- oder Führungspersönlichkeit vermittelst. Es gibt ihnen Auftrieb, denn durch dich wird ihnen ihre eigene Freiheit, sich selbst zu verwirklichen, bewusst. In diesem Jahr wirst du vielleicht großen Einfluss auf andere haben, indem du sie ermutigst, auf ihre schöpferischen Energien zu vertrauen und sich ihrem persönlichen Wachstum und ihrer Weiterentwicklung zu widmen.

## Dein 60. Jahr (59–60)

Dies ist das Jahr, in dem du für deine Führungsstärke und deine kreativen Beiträge Anerkennung von deiner Gemeinschaft erhalten wirst. Dein erfolgreicher Aufbau eines sozialen Netzwerks beginnt, sich auszuzahlen, weil du mehr und mehr wahrgenommen wirst und andere dich nun wissen lassen, auf welche Weise du sie inspiriert hast. Letztes, dieses und das nächste Jahr (dein 61. Jahr) markieren für dich einen Wendepunkt in Bezug auf deinen Bekanntheitsgrad und deinen Erfolg. Du wirst dein Licht in der Welt leuchten lassen und andere werden es sehen und feiern. Du wirst stark als Mentor-, Lehrer- und Führungspersönlichkeit für andere da sein.

Das ist kein Jahr, um sich zurückzuhalten, sondern eines, in dem du hervortreten und dich auf authentische Weise anderen mitteilen sollst. Ob du in der Politik, in deiner Kirche oder

Synagoge, in einer ehrenamtlichen Tätigkeit, in den bildenden Künsten oder im Sport glänzt: Deine Fähigkeiten und Talente werden nicht übersehen. Du wirst die öffentliche Bühne haben, die du brauchst, um dich zuversichtlich und schöpferisch zum Ausdruck zu bringen.

## Dein 61. Jahr (60–61)

Dies ist dein essenzielles 7er-Jahr, das Jahr, in dem du in die Fülle deiner schöpferischen Kraft und des öffentlichen Bekanntheitsgrades gelangst. Du bringst deine Talente und Gaben mit einem Selbstvertrauen und in einer Reichweite zum Ausdruck, die alles übertreffen, was du in deinem bisherigen Leben gekannt hast. Dies ist das Jahr deiner Meisterschaft.

Es ergeben sich spontan Gelegenheiten für deinen schöpferischen Ausdruck, und du gehst ohne Angst durch alle offenen Türen, weil du darauf vertraust, dass das Universum dich unterstützt. Du erfährst Fülle und Wohlstand auf allen Ebenen.

Du bist ein Vorbild, das andere inspiriert, an sich zu glauben und auf ihre Talente und Gaben zu vertrauen. Dies ist ein Jahr in deinem Leben, in dem du nicht nur die Freude und Erfüllung deines schöpferischen Prozesses erlebst, sondern auch den positiven Einfluss, den du auf die Gemeinschaft hast, in der du lebst.

Solange du an dich glaubst, gibt es keine Einschränkungen im Hinblick auf das, was du in diesem Jahr erreichen kannst. Du lebst in Harmonie mit der universellen Fülle, was sich in vollem Umfang in deinem Leben zeigt.

# Dein 62. Jahr (61–62)

Im vergangenen Jahr wurdest du voll und ganz von der Welle des Erfolgs getragen. Es war ein Jahr, in dem du in all deiner schöpferischen Intensität geglänzt hast und die Menschen ihre Dankbarkeit und Wertschätzung ausgedrückt haben. Dein 62. Jahr könnte dir daher wie ein Tiefpunkt erscheinen. Die Welle bricht sich am Strand und die beglückende Reise ist vorbei. In diesem Jahr könntest du feststellen, dass du nicht mehr so viel Energie hast, um in der Öffentlichkeit zu stehen. Wie alle 8er-Jahre ist dies ein Jahr, in dem deine Energie sich allmählich nach innen wendet und du nach und nach verinnerlichst, was du in den vergangenen 5 aktiven Jahren deines Zyklus erlebt hast.

Im 62. Jahr fängst du an, die Konsequenzen deiner Handlungen zu erkennen. Deine Worte und Taten fallen auf dich zurück und du musst damit leben. Möglicherweise hast du bei anderen einiges wiedergutzumachen, musst dir und anderen vergeben, deine Fehler akzeptieren und aus ihnen lernen.

Es kann sein, dass eine Gesundheitskrise überstanden werden muss. Vielleicht brauchst du Heilpraktiker und Therapeuten, die dir in dieser Zeit der Umstellung helfen können. Dies ist ein Jahr, um zu heilen und wieder ins Gleichgewicht zu kommen. Deine Energie war 5 Jahre lang nach außen gerichtet. Jetzt ist deine Tasse fast leer, und es bleibt nicht mehr viel, was du geben kannst.

In diesem Jahr fängst du daher an, deine Tasse wieder zu füllen. Die Waagschalen bewegen sich vom »Geben« zum »Empfangen« und von der Hilfe für andere zur Hilfe von anderen.

Deine Mitarbeit beim Prozess der Heilung und des Wiederausgleichs ist sehr wichtig. Wenn du immer noch draußen bist und versuchst, die nächste Welle zu erwischen, dann achtest du nicht darauf, was dein Körper, dein Geist und deine Seele brauchen. Versuche nicht länger, Supermann oder Superfrau zu sein. Das geht jetzt nicht mehr.

Geh mit deiner Energie nach innen und bewahre sie. Sorge gut für dich. Erlaube dir, deine Erfahrung zu verinnerlichen und dich mit ihr zu versöhnen. Fang an, dich auf die Loslösung einzulassen, die in den nächsten beiden Jahren erforderlich sein wird.

## Dein 63. Jahr (62–63)

Dies ist das letzte Jahr deines 7. Zyklus. Während der vergangen 8 Jahre hat dein Licht geleuchtet wie nie zuvor in deinem Leben. Menschen waren begeistert von deiner Kreativität und deiner Führungsstärke und du wurdest sehr geschätzt. Aber alle guten Dinge gehen einmal zu Ende. Auf Zeiten intensiven Schaffens müssen Zeiten der Ruhe, des Ausgleichs und der Regeneration folgen. Vergangenes Jahr und dieses Jahr repräsentieren einen Zeitabschnitt, in dem deine Energie sich wieder aus der Welt zurückzieht und du anfängst, dich nach innen zu wenden. Das ist völlig angemessen.

Letztes Jahr könntest du eine Gesundheitskrise durchgemacht haben, die dein Bedürfnis nach Heilung und Neuausrichtung verstärkt hat. Du wirst dich in diesem Jahr nach und nach von allem lösen, was du in den vergangenen 8 Jahren getan hast. Während du dich einerseits voll und ganz mit allem identifizieren kannst, was du aus Überzeugung und mit Begeisterung getan hast, ist es andererseits an der Zeit, jede Identifikation loszulassen. Du bist nicht, was du tust. Du bist viel größer als das. Auch wenn du überhaupt nichts tust und nirgendwo hingehst, bleibt dein Selbstwert vollständig erhalten.

Es kann sein, dass es dir schwerfällt, still zu sitzen, wo du doch so daran gewöhnt bist, draußen herumzuschwirren. Aber es ist notwendig. Du hast anderen viel gegeben, und nun ist die Zeit gekommen, um auszuruhen, für dich selbst zu sorgen und deine Tasse wieder aufzufüllen.

# Der 8. Zyklus –
# die Jahre des Ruhestands (63–72)

## Dein 64. Jahr (63–64)

Dein achter 9-Jahres-Zyklus ist die Zeit, in der viele Anpassungen vorgenommen werden müssen. Du lässt die Zeit deiner größten Kreativität und Erfolge hinter dir und trittst in eine Phase ein, in der sich deine Energie nach innen wendet und du über deinen Ruhestand nachdenkst. Während dieser 9 Jahre kann eine gesundheitliche Krise auftreten, die von dir verlangt, Veränderungen in deinen Lebensgewohnheiten vorzunehmen. Vielleicht fängst du auch freiwillig an, dein Leben einfacher zu gestalten und einen Teil des Drucks herauszunehmen, damit du dich besser um deinen Körper kümmern kannst.

Wie alle 1er-Jahre ist dein 64. Jahr eine Zeit neuer Anfänge und neuer Erfahrungen. Du wirst experimentieren und allmählich eine neue Vorstellung davon entwickeln, wie dein Leben in den nächsten 9 Jahren aussehen wird. Hoffentlich hast du bereits begonnen, dich von den Aktivitäten der vorhergehenden Zyklen zu lösen, damit du mehr Zeit hast, um neue Interessen und Wege zu erforschen.

Dies ist kein Jahr, in dem du Verpflichtungen eingehen oder dich aktiv in der Welt engagieren musst, sondern eines, in dem du dich fragst: »Was steht als Nächstes für mich an? Wie möchte ich die nächsten Jahre meines Lebens verbringen? Wo möchte ich leben? Womit möchte ich meine Zeit verbringen?«

Vielleicht entscheidest du dich dafür, Hobbys oder Interessen nachzugehen, die du zurückgestellt hattest, weil dir in der Vergangenheit die Zeit dafür fehlte. Jetzt fängst du an, dir Zeit für die Aktivitäten zu nehmen, die dir Freude machen und mehr Ruhe und Frieden in dein Leben bringen. Dieses Jahr, wie auch die nächsten 8 Jahre, ist es an der Zeit, um an den Rosen zu riechen, die einfachen Freuden des Lebens zu genießen und deinem alterndem Körper die Aufmerksamkeit zu schenken, die er braucht, um gesund zu bleiben.

## Dein 65. Jahr (64–65)

Dein 65. Jahr ist ein Zeitraum psychischer Umstellung. Du fängst an, dich anders zu fühlen und anders über dich zu denken, während dein Körper altert und dein Fokus nach innen gerichtet ist. Du merkst, dass Aufgaben, die du bisher ohne Weiteres bewältigt hast, jetzt bewusste Aufmerksamkeit erfordern. Weil dein Körper altert, musst du dir genügend Raum für die Selbstfürsorge nehmen, musst langsamer machen, damit du genügend Zeit hast, dich um deine Gesundheit und die deines Partners zu kümmern (falls du einen Partner hast).

Verlangsamung fällt einigen schwerer als anderen. Manche Menschen weigern sich, die Zeichen der Zeit zu erkennen, und muten sich mehr zu, als sie leisten können. Diese Form der Verleugnung des Alterungsprozesses führt im Laufe dieses 9-Jahres-Zyklus zwangsläufig zu einer Gesundheitskrise.

Wenn du vernünftig bist, fängst du an zu verstehen und dich darauf einzulassen, auf welche Weise sich dein Lebensstil verändern muss, um es dir leichter zu machen, auf gute Weise zu altern. In deinem 65. Jahr beginnst du Pläne für den Ruhestand zu schmieden. Du findest heraus, wo und wie du leben möchtest. Du fängst an, alle Informationen zu sammeln, die du brauchst, um gute Entscheidungen für deine Zukunft zu treffen.

Obwohl du vielleicht in diesem Jahr noch nicht aktiv Veränderungen einleitest, wirst du dich darauf vorbereiten, solche Entscheidungen im nächsten Jahr zu treffen. Vielleicht bereitest du dich durch eine Internetrecherche vor oder belegst einen Kurs über Reisen, Finanzbuchhaltung oder die Finanzierung einer Immobilie.

In deinem 65. Jahr gewinnst du Klarheit über die Ausrichtung der nächsten 7 Jahre deines Lebens. Du erstellst einen Plan für deinen Ruhestand, den du in den nächsten Jahren mit Energie und Begeisterung umsetzen wirst.

# Dein 66. Jahr (65–66)

In deinem 66. Jahr fängst du an, dich mit anderen über deine Pläne für den Ruhestand auszutauschen und sie umzusetzen. Vielleicht unternimmst du Reisen, um dir Immobilien in für dich interessanten Regionen anzuschauen. Vielleicht kaufst du dir eine Wohnung oder ein Haus.

Wenn du keinen Partner hast, ist dies vielleicht eine Zeit, in der du einen Partner in dein Leben einladen kannst, der deine

Träume und Vorstellungen von Ruhestand teilt. Falls du einen hast, musst du in diesem Jahr ehrlich mit ihm kommunizieren, um sicherzugehen, dass eure Zukunftspläne im Hinblick auf euren Wohnort und eure Lebensweise harmonieren. Vielleicht habt ihr euch in der Phase intensiver Aktivität, in der eure Energien nach außen gerichtet waren, nicht genügend Zeit genommen, um eure Beziehung zu pflegen und einander eure Bedürfnisse und Wünsche mitzuteilen. Sollte das der Fall sein, müsst ihr euch dieses Jahr dafür Zeit nehmen. Möglicherweise habt ihr im vergangenen Jahr gemeinsam Aktivitäten geplant – vielleicht wollt ihr in diesem Jahr gemeinsam reisen oder daran arbeiten, einen Lebensstil zu finden, mit deren Umsetzung ihr beide einverstanden seid.

Gemeinsam alt zu werden, ohne die Struktur, die durch Berufstätigkeit und Kindererziehung vorgegeben war, ist für euch beide eine neue Erfahrung. Wenn ihr eure Reise gemeinsam fortsetzen wollt, müsst ihr vielleicht neu definieren, wie sie aussehen und sich anfühlen soll. Es ist äußerst wichtig, dass ihr euch dafür Zeit nehmt, denn das wird euch dabei helfen, eine authentische Möglichkeit zu finden, euch wieder für die Beziehung zu engagieren.

Das 66. Jahr ist eine Zeit von Tod und Wiedergeburt für eine Partnerschaft. Es ist eine Zeit, in der sich Menschen nicht mehr auf alte Rollen und Verantwortungsbereiche berufen können, die sie zusammenhalten. Sie müssen sich auf eine neue Weise begegnen und zu einer größeren Vertrautheit finden, damit die Beziehung im Laufe der letzten Lebensjahre gepflegt und aufrechterhalten werden kann.

# Dein 67. Jahr (66–67)

Falls es nicht schon geschehen ist, ist das 67. Jahr ein guter Zeitpunkt, um in den beruflichen Ruhestand zu gehen und deine Wohnsituation sowie dein Leben allgemein zu vereinfachen. Solltest du aber weiterhin berufstätig sein, dann versuche, die Stunden zu reduzieren und die Arbeit zu tun, die du emotional befriedigend und aufbauend findest. Es ist wichtig, dass du körperlich aktiv bleibst und gut für deine Gesundheit sorgst, damit du eine gute Lebensqualität hast. Sieh zu, dass du deine Ressourcen konsolidieren kannst, damit du in den kommenden Jahren die Freiheit hast, neue Interessen auszuprobieren.

Die Gefahr in deinem 67. Jahr besteht darin, dass du in deinem Beruf weiterhin hart arbeitest und du dich zwingst, Aufgaben und Verantwortlichkeiten zu übernehmen, die du besser an andere delegieren solltest. Mittlerweile solltest du einen Plan haben, wie du dir einen Teil des Drucks nehmen und anfangen kannst, ein behutsameres, geruhsameres Leben zu führen. Auch wenn die Angst aufkommen sollte, »nichts zu tun zu haben« und gelangweilt und ruhelos zu sein, muss du dich ehrlich mit diesen Fragen auseinandersetzen.

Dieser achte 9-Jahres-Zyklus verlangt nach einer Verlagerung deiner Aktivitäten von außen nach innen. Das bedeutet, die Zeit zu haben, zu schauen, wer du bist und eine spirituelle Sichtweise zu entwickeln. Wenn du ein Mensch bist, der immer beschäftigt sein muss, könnte das eine schwierige Veränderung für dich sein. Sie ist aber notwendig. Wenn du nicht langsamer machst und nicht den Übergang zu einem sanfteren, weniger stressigen und mehr nach innen gerichteten Lebensstil vollziehst, wirst du an deine Grenzen stoßen und riskierst eine Gesundheitskrise in deinem 71. Jahr.

Dies ist ein Jahr, um deine Pläne für den Ruhestand aktiv umzusetzen. Es ist nicht das Jahr, in dem du versuchen solltest, alte Strukturen und Verantwortlichkeiten aufrechtzuerhalten. Diese sollten sich in deinem 62. und 63. Jahr allmählich verändert haben, damit du seit dem Beginn des jetzigen 9-Jahres-Zyklus (ab deinem 64. Jahr) die Freiheit hast, dein Leben anders zu gestalten.

# Dein 68. Jahr (67–68)

Bis zu deinem 68. Jahr hast du hoffentlich deine Altersversorgung gesichert und eine solide Struktur für dein neues Leben aufgebaut. Wenn ja, kann dein 68. Jahr eine Zeit sein, in der du dein Leben mit Reisen, Fortbildung, kulturellen Aktivitäten oder spirituellen Übungen bereicherst. Wie in allen 5er-Jahren geht es in diesem Jahr darum, sich aus Zwängen zu befreien und mehr Anregungen und Sichtweisen von außen in dein Leben zu lassen.

Hast du dir andererseits in den vorhergehenden beiden 9-Jahres-Zyklen keine Zeit für persönliches Wachstum und Weiterentwicklung genommen, kann es sein, dass dieses Jahr dich zwingt, dir Zeit für dich zu nehmen. Du kannst dein seelisches Bedürfnis nach Wachstum nicht für immer ignorieren. Wenn das Wachstum nicht freiwillig ist, hilft das Universum nach, um die Seele dabei zu unterstützen, den Raum für ihre Transformation zu schaffen.

In diesem Jahr musst du bereit sein, Risiken einzugehen, von deiner täglichen Routine abzuweichen und dich aus deiner Komfortzone herauszubewegen, damit du als Mensch wachsen kannst.

Während die Jahre des Ruhestands eine Zeit der Verlangsamung und der Muße sein sollen, müssen sie dennoch nicht langweilig sein. Im vergangenen Jahr waren routinemäßige Abläufe wichtig. Sie haben dir dabei geholfen, deine Pläne für den Ruhestand zu festigen. Aber dies ist ein aktiveres Jahr.

Es ist ein Zeitraum, in dem du dich für neue Erfahrungen öffnest, die dein Leben bereichern können. Das kannst du tun, indem du ins Ausland reist, an einer Ausbildung oder einem Kurs für Senioren teilnimmst, ehrenamtlich im örtlichen Hospiz oder einer Tafel für Bedürftige mitarbeitest, Tennis oder Golf spielen lernst, im Kirchenchor singst oder mit einem neuen Hobby beginnst. Das Wichtige dabei ist, nicht allzu passiv zu sein und nicht zuzulassen, dass dein Leben langweilig und vorhersehbar wird, sonst könnte es dir so vorkommen, als würde sich die Struktur, die du für die Jahre deines Ruhestands geschaffen hast, allmählich in ein Gefängnis verwandeln.

## Dein 69. Jahr (68–69)

In deinem 69. Jahr geht es vor allem darum, eine Gemeinschaft um dich herum zu bilden. Wenn du im letzten Jahr damit begonnen hast, auf andere zuzugehen und dich auf Neues einzulassen, hast du zweifelsohne neue Verbindungen geschaffen und Freundschaften mit Menschen geschlossen, die deine Interessen und deinen Lebensstil teilen. Auch wenn du älter wirst, brauchst du ein soziales Netzwerk, das dein Bedürfnis nach emotionaler Unterstützung, nach Anschluss und Zugehörigkeit stillt.

Dein erweiterter Familienkreis, Kinder, Enkel und enge Freunde, bieten dir einen wichtigen Lebensinhalt. Du hast aber dein Berufsleben und die Jahre der Kindererziehung hinter dir gelassen und musst dir neue Kontakte mit Gleichgesinnten aufbauen, mit denen du dein Leben teilen kannst.

Eine gute Möglichkeit dazu ergibt sich durch die Teilnahme an den Seniorenprogrammen sozialer, pädagogischer und religiöser Organisationen. Es kann auch sein, dass durch ehrenamtliche Tätigkeiten in deiner Stadt oder Gemeinde wunderbare Bekanntschaften zustande kommen.

Dies ist ein Jahr, in dem dich der natürliche Fluss des Lebens zu sozialem Engagement führt, wie auch immer das für dich aussehen mag. Jeder Mensch hat seine persönlichen Bedürfnisse und Wünsche in Bezug auf soziale Kontakte. Neben dem vergangenen Jahr sind auch dieses und das nächste Jahr Zeiten innerhalb des Zyklus, in denen du dabei unterstützt wirst, dich mit anderen auszutauschen. Es wäre nicht angebracht, dich jetzt zu isolieren und nach innen zu gehen.

## Dein 70. Jahr (69–70)

Dein 70. Jahr bietet dir wieder eine Gelegenheit, als schöpferischer, selbstbewusster Mensch zu glänzen. Während du vielleicht nicht mehr in dem Maße wahrgenommen wirst, wie es während einer erfolgreichen beruflichen Karriere der Fall ist, ist es immer noch sehr wichtig, dass du deine Kreativität ausdrückst und mit anderen die Dinge teilst, die du liebst. Es könnten sich Gelegenheiten ergeben, dein Wissen und deine Erfahrung mit der nächsten Generation zu teilen, indem du als ehrenamtlicher Helfer oder Lehrer einer Meisterklasse arbeitest. Dabei geht es vor allem darum, dass deine Kreativität weiterhin fließen kann und du dich nach wie vor im Leben engagierst. Das bedeutet allerdings nicht, wieder eine Arbeit aufzunehmen oder Verpflichtungen einzugehen, die dich belasten würden. In diesem Fall ist weniger besser als mehr. Achte darauf, den Gelegenheiten zum Austausch mit anderen Vorrang zu geben, die dir die meiste Freude bereiten und die größte Wirkung auf andere haben.

Dies ist ein Jahr des kreativen Ausdrucks im Rahmen deines Ruhestands, der unvermeidlich bis zu einem gewissen Grad mit dem Loslassen von weltlichen Angelegenheiten einhergeht. Infolgedessen solltest du in deinem 70. Jahr nicht versuchen, dich wieder mit (d)einem öffentlichen Image zu identifizieren. Das würde störend in die Umstellung auf ein ruhigeres und geruhsameres Leben eingreifen.

Die Regel für dieses Jahr lautet: Tu es, wenn es Spaß und Freude macht. Tu es nicht aus Pflichtgefühl oder aus Sehnsucht nach einer Vergangenheit, in der du im Rampenlicht standst. Du hast es nicht mehr nötig, nach Beweihräucherung oder Anerkennung zu streben. Du musst einfach nur weiterhin deine Begeisterung und deine Freude teilen.

# Dein 71. Jahr (70–71)

Dein 71. Jahr ist dein essenzielles 8er-Jahr. Du hast wieder den Höhepunkt deines Zyklus überschritten und deine Energie wendet sich nach innen.

Dies ist ein Jahr, in dem du in Kontakt mit den grundlegenden Lektionen dieses Zyklus kommst wie auch mit denen deines Lebens im Allgemeinen. In diesem Sinne fängst du an, mit deinem Karma ins Reine zu kommen, und erkennst die Folgen der Entscheidungen, die du in der Vergangenheit getroffen hast. Du erntest die Früchte der Samen, die du in Bezug auf deinen Körper, in deinen Beziehungen, deinem Familienleben und auch in deinem Berufsleben gesät hast. Möglicherweise machst du eine ernsthafte Krankheit oder Gesundheitskrise durch. Schuldgefühle aufgrund vergangener Handlungen könnten aufkommen und vielleicht musst du Wiedergutmachung leisten und dir und anderen vergeben. Es könnte auch sein, dass du Schwierigkeiten damit hast, dass deine berufliche Laufbahn beendet ist und du kein Vehikel für schöpferischen Ausdruck in deinem Leben hast.

Die Schlüsselwörter für dieses Jahr und für 8er-Jahre im Allgemeinen sind Heilung, Ausgleich, Vergebung und Versöhnung. In deinem 71. Jahr sind das keine optionalen oder Teilzeitaktivitäten. Sie erfordern deine volle Aufmerksamkeit. Um in den Prozess der Loslösung und des Verzichts zu gelangen, der im nächsten Jahr und für die folgenden 9 Jahre des nächsten Zyklus von dir verlangt wird, musst du dieses Jahr der Auflösung innerer Konflikte sowie der Überwindung von Schuld- oder Reuegefühlen widmen und deinen inneren Frieden finden.

Jede spirituelle Praxis, die dir dabei hilft, diese Ziele zu erreichen, stellt eine angemessene Nutzung deiner Zeit und Energie in diesem Jahr dar. Scheue auch nicht davor zurück, erfahrene Fachleute um Hilfe zu bitten, die dir physisch, emotional, geistig und spirituell weiterhelfen können. Die Zeit, die du in diesem Jahr darauf verwendest, deinen Frieden zu finden, wird großen Einfluss auf den Rest deines Lebens haben.

# Dein 72. Jahr (71–72)

Dies ist das letzte Jahr deines 8. Zyklus. In den vergangenen 8 Jahren hast du eine bedeutende Phase der Umstellung und Anpassung durchlaufen, indem du mit Gesundheitsproblemen, Themen wie Vergebung und dem Bedürfnis, Frieden mit deinem Leben zu schließen, befasst warst.

Jetzt ist es an der Zeit, all das ruhen zu lassen. Jetzt ist es Zeit für dich, die Heilung anzunehmen und in Kontakt mit deiner Essenz zu kommen.

Jeder muss zu seinem Wesenskern finden, der unschuldig ist und nicht verletzt werden kann. Die reine Essenz ist im Innersten deines Herzens, und dorthin wirst du gerufen, um zur Einheit zu gelangen.

Wenn du verstehst, dass du getan hast, was du konntest, wenn du weißt, dass deine Fehler und Übergriffe vergeben werden können, kannst du dich entspannen und in jene innere Ganzheit hineinsinken, die von den Angelegenheiten dieser Welt nicht berührt wird. Dort kannst du in der Gewissheit verweilen, dass du angenommen und geliebt wirst.

Wie alle 9er-Jahre ist dies ein Jahr der Vervollständigung und der Loslösung. Wenn du die Lektionen gelernt hast, die das Leben mit sich brachte, kannst du anfangen, zu vergeben und dich von der Vergangenheit zu lösen. Dieses Loslassen ermöglicht es dir, mit größerer Intensität in der Gegenwart zu sein.

In deinem nächsten 9-Jahres-Zyklus wirst du aufgefordert, dich weiter vom Drama deines Lebens zu lösen. Du wirst nicht mehr im Bedauern über die Vergangenheit oder in Sorge über die Zukunft leben. Du wirst lernen, in der Gegenwart zu sein und jeden Tag und jeden Moment so willkommen zu heißen, wie er sich in deinem Leben ergibt.

# Der 9. Zyklus –
# die Jahre der Weisheit (72–81)

## Dein 73. Jahr (72–73)

Dein 73. Jahr ist eine Zeit des spirituellen Erwachens. Dies ist das erste Jahr deines 9. Lebenszyklus, in dem es vor allem darum geht, sich von den täglichen Mühen und dem Drama des Lebens zu lösen, um in den gegenwärtigen Moment zu gelangen.

Dies ist ein Jahr, in dem du es genießen kannst, dir für dich Zeit zu nehmen, um zu meditieren und mit dir selbst Zwiesprache zu halten. Jahrelang hast du dich in äußeren Aktivitäten und Beziehungen eingebracht. Jetzt ist es an der Zeit, nach innen zu gehen und deine Beziehung zu dir zu pflegen. Wenn du in die Stille deines Herzens gelangst, erkennst du, dass alles, was du brauchst, da ist. Dies ist dein Wesenskern, deine Essenz. Dies ist der Ort der bedingungslosen Liebe und Akzeptanz. Indem du in Verbindung mit deinem Wesenskern bist, fühlst du dich mit allen Wesen und Dingen verbunden. In diesem Sinne erlebst du dein Alleinsein nicht als einen Zustand der Getrenntheit von anderen, sondern als einen Zustand, der alles umfasst. Jetzt erfährst du die Erleuchtung, die von der Entdeckung des »Alles in einem« und »Eines in allem« kommt.

Wie alle 1er-Jahre ist dies ein Jahr, in dem du dich für neue Erfahrungen und Wege öffnest. Vielleicht gehst du auf eine Pilgerfahrt oder verbringst längere Zeit in einem spirituellen Rückzug. Vielleicht reist oder ziehst du an einen Ort, der friedvoll und aufbauend für dich ist. Vielleicht fängst du an, zu meditieren oder eine andere spirituelle Praxis anzuwenden, die dir dabei hilft, im gegenwärtigen Moment zu bleiben. Die äußere Form, die dein Leben annimmt, ist nicht so wichtig wie der Inhalt, bei dem es vor allem darum geht, dich vom Drama zu lösen und in dein Herz zu kommen.

## Dein 74. Jahr (73–74)

Dein 74. Jahr ist ein Jahr tief greifender Selbstreflexion. Im vorigen Jahr bist du vielleicht an einen neuen Ort gezogen oder hast Änderungen in deinen Lebensgewohnheiten vorgenommen, die dir mehr Zeit ließen, um allein und in der Stille zu sein.

Dies ist ein Jahr, in dem das In-die-Stille-Gehen zu einer tieferen Verbindung zu deinem Wesenskern führen wird. Mit der Hilfe von Meditation und anderen Techniken kannst du die Fähigkeit entwickeln, zum Beobachter deiner Gedanken und Gefühle zu werden. Beobachter zu sein hilft dir, dich von den Höhen und Tiefen des Lebens zu lösen und in etwas zu verankern, das tiefer und zeitloser ist.

Wie alle 2er-Jahre ist dies ein Jahr des Lernens und der Vorbereitung auf die Aktivität, die in diesem Zyklus ansteht. Im nächsten Jahr wirst du dich vielleicht aktiver darum bemühen, die Einsichten, die du in diesem und dem vorhergehenden Jahr gewonnen hast, mit anderen zu teilen.

Vom psychologischen Standpunkt aus gesehen entspricht dieses Jahr der Synergie, die sich in der Psyche abspielt, wenn der Schatten integriert wird, was zu einer zunehmenden psychischen Ganzheit führt.

Indem Gegensätze akzeptiert und integriert werden, gibt es weniger Erfahrung der Dualität. Herz und Verstand stehen nicht mehr im Widerstreit miteinander, wie das früher oft der Fall war. Was du denkst und fühlst, harmoniert, sodass Entscheidungen spontan und mühelos getroffen werden können.

# Dein 75. Jahr (74–75)

Dein 75. Jahr ist eine Zeit, in der du anderen Menschen aktiv die Einsichten vermittelst, die du in den vergangenen beiden Jahren gewonnen hast. Du wirst sehen, dass dein Leben zwischen Zeiten der Stille und Zeiten des Mitteilens ganz natürlich fließen kann. Du wirst mehr deiner inneren Führung folgen und deine Entscheidungen mühelos und ohne lange überlegen zu müssen treffen.

Wenn du in einer Partnerschaft lebst, kann dein 75. Jahr einen Wendepunkt in eurer Beziehung darstellen. Dein Partner und du, ihr könnt einander mit noch mehr Vertrauen und Respekt näherkommen, indem ihr beide beginnt, euch vom Drama zu lösen und in euren Wesenskern einzutauchen. Jetzt könnt ihr beide Beobachter des Lebens sein und schauen, wie es sich entfaltet.

Hast du keinen Partner, kann dein 75. Jahr eine neue, reife Beziehung mit einem Partner mit sich bringen, der deine spirituellen Werte teilt und dir einem Weg zu größerer Selbstakzeptanz und größerem Verständnis aufzeigt.

Deine Zeit im Schmelztiegel der Beziehungen hat zu Weisheit und innerer Klarheit geführt, die andere zu schätzen wissen. Du bist jetzt ein »Ältester«, eine »Älteste« und Hüter, Hüterin der Weisheit. Du kannst anderen spirituelle Führung geben und ihnen Einsichten vermitteln.

Es könnte auch sein, dass du dich in diesem Jahr aus einer Beziehung löst, die sich überlebt hat. Das wird dir leichter fallen, wenn du es mit einem Gefühl der Dankbarkeit für die gemeinsame Zeit, für die erhaltenen Gaben und die Lektionen, die ihr zusammen gelernt habt, tun kannst.

# Dein 76. Jahr (75–76)

In deinem 76. Jahr bekommst du allmählich das Gefühl, dass deine beruflichen und familiären Angelegenheiten zum Abschluss gekommen sind. Du hast die Früchte deiner Arbeit gesehen und bist einen Schritt zurückgetreten, um deinen Kindern und anderen jüngeren Menschen zu ermöglichen, auf dem aufzubauen, was du erreicht hast. Du warst imstande, dich von den Anforderungen und Verantwortlichkeiten der Welt zu lösen und ein geruhsames Leben zu führen, das dich aktiv hält, ohne Stress oder Angst hervorzubringen.

Tatsächlich gibt es nichts mehr, was du noch tun müsstest. In deinem Leben geht es nicht mehr um Arbeit und Erfolg, sondern darum, die Aktivitäten des Tages zu genießen, welche es auch sein mögen, und dir die Zeit zu nehmen, um an Rosen zu schnuppern. Sollte dir Arbeit immer noch wichtig sein, könntest du dir für 1 oder 2 Tage in der Woche eine ehrenamtliche Tätigkeit suchen, damit dein Geist beweglich bleibt und du weiterhin das Gefühl hast, einen Beitrag für die Welt zu leisten, in der du lebst.

Einfache Arbeiten in Haus und Garten können dir helfen, aktiv und fokussiert zu bleiben. Diese Aufgaben erfüllen aber wirklich keinen anderen Zweck. Du könntest sie ohne Weiteres an andere abgeben oder jemanden dafür bezahlen, der sie für dich erledigt. Du entscheidest dich dafür, sie zu tun, weil du sie als bereichernd empfindest.

Es ist für dich wichtig, eine Routine und einen Rhythmus in deinem Leben zu finden, der dir ermöglicht, genügend Bewegung und erholsamen Schlaf zu haben, gut zu essen und allgemein auf deine Gesundheit zu achten. Je älter du wirst, desto schlichter wird dein Leben. Das ist nicht unbedingt schlecht. Ein einfaches Leben ist frei von Stress und kann ein Gefühl stiller Würde und Erfüllung mit sich bringen.

# Dein 77. Jahr (76–77)

Dein 77. Jahr ist ein Jahr der Erweiterung und des Wachstums. Im letzten Jahr hast du daran gearbeitet, einen einfachen Rhythmus und Tagesablauf zu erstellen, der dir hilft, fokussiert und geerdet zu bleiben. In diesem Jahr ist es an der Zeit, dich ein wenig zu öffnen, falls deine Gesundheit es zulässt.

Wie alle anderen 5er-Jahre unterstützt dein 77. Jahr Aktivitäten wie Reisen, Lernen und Weiterbildung. Dies ist ein gutes Jahr für eine längere spirituelle Einkehr oder für eine Erfahrung, die dich inspiriert oder deinem Leben mehr Sinn gibt.

Ein Jahr der Expansion, in dem du deine alltäglichen Abläufe veränderst und über deinen Tellerrand blickst, sorgt dafür, dass dein Leben weiterhin interessant bleibt. Aktivitäten, bei denen deine Kreativität gefordert ist, sind in diesem Jahr optimal. Du hast immer noch eine Menge zu geben, sowohl deinen Altersgenossen als auch der jüngeren Generation. Du musst das aber in deinem eigenen Tempo und ohne Druck tun. Es geht jetzt nicht darum, irgendetwas »tun zu müssen«, sondern es »tun zu wollen«, und zwar auf eine Art und Weise, die nicht belastend für dich ist.

Wie heißt es so schön in Prediger 3,1: »Ein Jegliches hat seine Zeit, und alles Vorhaben unter dem Himmel hat seine Stunde.« Dies ist die Zeit, in der du für dich sorgst und Aktivitäten nachgehst, die Spaß machen und dich begeistern. Es ist eine Zeit, um Dinge zu lernen, für die du früher nie Zeit hattest, oder an Orte zu reisen, die du schon immer sehen wolltest. Ruhe dich aus, wenn du Ruhe brauchst. Sei auf eine behutsame Weise aktiv, die dich regeneriert. Genieße und erkunde Aktivitäten, die Ausgewogenheit in dein Leben bringen. Kurzum: Sei so kreativ wie möglich, folge deinen natürlichen Rhythmen und fahre damit fort, dich von allem zu lösen, was zu Stress oder Sorge in deinem Leben führt.

# Dein 78. Jahr (77–78)

Dein 78. Jahr bietet dir eine weitere Gelegenheit, dein soziales Netz auszubauen und ein starkes Gefühl der Gemeinschaft in deinem Leben zu erzeugen. Es ist wunderbar, wenn du gemeinsame Aktivitäten leiten oder daran teilnehmen kannst wie zum Beispiel Gruppenmeditation oder Yoga, Malerei oder Malkurse, Gruppenausflüge zu Konzerten oder Theatervorstellungen und ähnliche Veranstaltungen.

Während sich deine Erfahrung des Alleinseins vielleicht verstärkt, weil du dich in diesem Zyklus von der Welt zurückziehst, ist es wichtig, dass du mit der Familie und Freunden in Verbindung bleibst, die dich akzeptieren und dich emotional unterstützen. Sie brauchen ihrerseits weiterhin deine Unterstützung und Ermutigung.

## Dein 79. Jahr (78–79)

Dein 79. Jahr ist der Zeitraum, in dem du noch einmal aufgefordert wirst, deine Kreativität zum Ausdruck zu bringen. Es ist ein Jahr, in dem du vielleicht aktiv nach außen gehst, um zu lehren oder an andere die Erkenntnisse weiterzugeben, die in den letzten Jahren der Versöhnung und des Loslösungsprozesses in dir gereift sind. Als selbstverwirklichter Mensch und Hüter oder Hüterin der Weisheit wirst du von anderen respektiert und geschätzt. Sie werden weiterhin durch dein Vorbild inspiriert und freuen sich über alles, was du an sie weitergeben möchtest. Zusätzlich zum Austausch mit deinen Altersgenossen könntest du auch versuchen, die nächste Generation von Lernenden und Lehrenden zu betreuen, zu beraten und zu lehren.

## Dein 80. Jahr (79–80)

Wenn du deinen Prozess der Heilung und Vergebung bisher noch nicht abgeschlossen hast, musst du dir in deinem 80. Jahr Zeit dafür nehmen, sonst riskierst du, keinen Frieden zu finden und keine Versöhnung zu erlangen, bevor du den Körper verlässt.

Nimm dir Zeit, um dir deine Fehler und Übergriffe zu vergeben, und vergib anderen, die dich verletzt haben. Sieh ein, dass diese Welt eine Lernwerkstatt ist. Wenn du in diese Welt kommst, weißt du nicht, wie du dich selbst oder andere lieben kannst. Das ist etwas, das du lernst.

Lernen und Vergeben gehen Hand in Hand. Wenn du an deinen Fehlern oder denen von anderen festhältst und andere weiterhin beschuldigst und bloßstellst, wirst du die Lektionen nicht lernen, für die du hierhergekommen bist.

Die Wahrheit ist, dass wir alle mit dem Bewusstsein, das wir zur jeweiligen Zeit haben, unser Bestes tun. Wenn dein Bewusstsein sich erweitert, bist du mehr und mehr in der Lage, mit Verständnis und Mitgefühl zu leben. Alle Ereignisse in deinem Leben – auch die, die dich am meisten herausgefordert haben – wirken zusammen, um dir dabei zu helfen, zu einem spirituelleren und mitfühlenderen Menschen zu werden.

## Dein 81. Jahr (80–81)

Es ist das letzte Jahr deines 9. Zyklus. Es ist dein essenzielles 9er-Jahr, das Jahr wahrer Vollendung. Im Laufe der vergangenen 9 Jahre hast du dich von den äußeren Aspekten deines Lebens gelöst und dich nach innen gewendet, hin zu deinem Wesenskern. Jetzt gelangt dieser Prozess zu seiner Vollendung. Du kommst zu Gott mit leeren Händen und einem offenen Herzen. Du hast mit dir und anderen Frieden geschlossen. Deine Reise hier ist vollendet. Ob du noch viele Jahre lebst oder morgen stirbst: Du kannst ohne Angst und ohne Widerstand annehmen, was geschieht. Du lebst in dem Raum, in dem das Leben allgegenwärtig und ewig ist, wo das Ende auf den Anfang trifft und Alpha (0) und Omega (9) eins sind.

# Teil IV

# Numerologische Anwendungen

# Deine Seelenschwingung ermitteln

Deine Seelenschwingung kannst du ermitteln, indem du die numerologischen Werte der Buchstaben deines Geburtsnamens (des vollen, offiziellen Namens) addierst. Jeder Buchstabe in deinem Namen entspricht einer Zahl. Um den Zahlenwert jedes Buchstaben herauszufinden, nutze bitte die folgende Tabelle.

| 1 | 2 | 3 | 4 | 5 | 6 | 7 | 8 | 9 |
|---|---|---|---|---|---|---|---|---|
| a | b | c | d | e | f | g | h | i |
| j | k | l | m | n | o | p | q | r |
| s | t | u | v | w | x | y | z |   |

Addiere die Zahlenwerte aller Namen, mit denen du geboren wurdest. Schau dir deine Geburtsurkunde an, wenn du dir nicht sicher bist, was dein vollständiger, rechtmäßiger Name ist. Zum Beispiel ist Abraham $1+2+9+1+8+1+4=26$ und Lincoln $3+9+5+3+6+3+5=34$. Abraham Lincoln ist also $26+34=60$.

Reduziere die zweistellige Zahl, indem du die Ziffern addierst, sodass du eine Zahl zwischen 1 und 9 erhältst. 60 ist zum Beispiel 6+0=6. Somit hat der Name Abraham Lincoln die Schwingung der 6.

Wenn du deinen Namen später im Leben änderst, solltest du auch den numerologischen Wert deines neuen Namens ermitteln. Das gilt insbesondere dann, wenn du ihn schon seit vielen Jahren verwendest. Menschen, die heiraten und den Nachnamen des Ehepartners annehmen oder ihre beiden Nachnamen zum Doppelnamen verbinden, bringen eine neue Seelenschwingung hinein.

## Was ist deine Seelenschwingung?

Die Seelenschwingung ist die Zahl, welche die Energie, die du in dieser Verkörperung einbringst, sowie den Bereich repräsentiert, in dem deine Talente und Gaben sich manifestieren.

Deine Seelenschwingung sagt etwas über den primären energetischen Fokus deines Lebens aus. Wenn sich bei der Berechnung deiner Seelenschwingung eine ein- oder zweistellige Zahl zwischen 1 und 81 ergibt, möchtest du vielleicht die Beschreibung des betreffenden Jahres in Teil III noch einmal lesen, weil dieses Jahr für dich eine besondere Bedeutung haben könnte.

# Deinen Lebensweg
# ermitteln

Deinen Lebensweg ermittelst du, indem du den Tag, den Monat und das Jahr deiner Geburt addierst. Addiere zunächst die Zahlenwerte des Tages und des Monats und dann die des Jahres. Bilde dann die Summe aus beiden Zahlen. Abraham Lincoln wurde beispielsweise am 12.2.1809 geboren. Man rechnet also 12+2=14 und für das Jahr 1809 addiert man 18+09=27. Die Summe der beiden ergibt 14+27=41. Ist das Ergebnis eine zweistellige Zahl, dann zähle die beiden Ziffern zusammen, sodass du eine Zahl zwischen 1 und 9 erhältst. Im Beispiel 4+1=5. Ergibt sich bei der Berechnung deines Lebensweges eine zweistellige Zahl zwischen 1 und 81 (bei Abraham Lincoln ist das beispielsweise die 41), möchtest du vielleicht in der Beschreibung des betreffenden Jahres in Teil III nachlesen, weil es ein wichtiges Jahr für dich sein könnte.

# Was ist dein Lebensweg?

Dein Lebensweg ist der Lebensbereich, in dem du deine größten Herausforderungen und dein größtes Wachstum erlebst. Dein Lebensweg bringt die Lektionen in dein Leben und hilft dir, deinen Charakter zu entwickeln.

# Ein Beispiel für Seelenschwingung und Lebensweg

Abraham Lincoln hatte zum Beispiel die Seelenschwingung der 6. Er brachte seine 6er-Qualitäten des Mitgefühls und des Wunsches, anderen zu dienen, in den Bereich des öffentlichen Lebens ein. Auf dieser Bühne strebte er danach, sein Bedürfnis nach Akzeptanz und Zugehörigkeit sowie nach öffentlicher Anerkennung zu erfüllen, welche ihm häufig versagt blieb.

Lincolns Lebensweg war eine 5. Das bedeutet, dass die meisten Herausforderungen und Lektionen in seinem Leben mit seinem Bedürfnis zusammenhingen, sich individuell zu entwickeln und unkonventionell zu denken, und mit seinem Mut, konsequent für das einzustehen, woran er glaubte.

Wenn man sich die 6 und die 5 zusammen anschaut, kann man erkennen, wie seine Lebenslektionen ihn zwangen, unbeliebte Entscheidungen zu treffen. Lincoln entschied sich dafür, ganz für die Prinzipien einzustehen, an die er glaubte. Das führte häufig dazu, dass ihm die Zustimmung und Anerkennung, nach denen er hungerte, versagt blieben.

# Deine numerologische Signatur ermitteln

Deine numerologische Signatur ermittelst du, indem du die Zahl, die deiner Seelenschwingung entspricht, mit der Zahl deines Lebensweges addierst. Abraham Lincolns numerologische Signatur ist beispielsweise eine 2 (6+5=11 und 1+1=2).

## Was ist deine numerologische Signatur?

Deine numerologische Signatur steht für das Zusammenwirken deiner Seelenschwingung und deines Lebensweges. Sie gibt einen Hinweis auf das, was du in deinem Leben erreichen wirst. Ein Beispiel: In Anbetracht der dualistischen Natur der 2 (Lincolns numerologische Signatur) war Lincoln ein Mensch, der geliebt und gehasst wurde. Seine Entscheidungen ließen Brüder zu Feinden werden, wodurch auf amerikanischem Boden mehr Blut vergossen wurde als je zuvor. Dennoch war das Resultat seines Lebens die Befreiung der Sklaven und das Ende der Sklaverei. Mit der 5 (Liebe zur Freiheit) und der 6 (Sehnsucht nach

Anerkennung, Harmonie und Gemeinschaft), ist es offensichtlich, dass das Leben Lincoln dazu zwang, schwierige Entscheidungen zu treffen, die anderen zum Wohl gereichen würden, während sie sein eigenes Leid vergrößerten und seine Transformation vorantrieben. In diesem Fall weist er einige der 6er-Qualitäten des Märtyrers auf, der sein Leben um der anderen Willen hingibt. Letzten Endes kennen wir Lincoln als eine große Persönlichkeit, die Amerika zu mehr Gerechtigkeit und Freiheit für alle seine Bürger verholfen hat.

# Ein wichtiger Hinweis

Wenn du die Informationen dieses Buches nutzen möchtest, um deine Seelenschwingung, deinen Lebensweg und deine numerologische Signatur zu verstehen, ist es ganz wichtig, dass dir zunächst die Bedeutung der 9 Grundzahlen, die in Teil II dieses Buches beschrieben sind, klar wird. Dann wirst du deine Intuition nutzen müssen, um die Bedeutung der Zahlen zu kombinieren und die Verbindung zwischen diesen Konzepten und den wichtigsten Ereignissen und Umständen in deinem Leben herzustellen. Das ist kein oberflächliches Unterfangen.

Darüber hinaus solltest du nicht vergessen: Alle symbolischen Systeme einschließlich des hier präsentierten sind lediglich als Werkzeuge gedacht, die uns helfen können, uns selbst und andere besser zu verstehen. Sie sollten keinesfalls auf eine starre oder engstirnige Weise angewandt werden. Es geht also nicht darum, dein Leben der Bedeutung der Zahlen anzupassen, sondern darum, mit ihrer Hilfe die Hauptthemen und die größten Herausforderungen in deinem Leben zu beleuchten.

Wie bei allem Streben nach echtem Verstehen sind ein offenes Herz und ein klarer Verstand entscheidend. Weder durch Analyse noch Intuition allein kannst du das ganze Bild erkennen. Beide sind notwendig.

# Nachwort

Ich hoffe sehr, dass du dieses Buch nützlich findest und es klug anwenden wirst, um die Zyklen zu verstehen, die in deinem Leben wirksam sind. Sich mit dem Strom des Lebens zu bewegen ist immer befriedigender, als zu versuchen, gegen die Strömung zu schwimmen.

Es gibt Zeiten im Leben (die 3er- bis 7er-Jahre), in denen du kraftvoll und begeistert in die Welt hinausgehen musst. Das sind keine Zeiten, um Dinge aufzuschieben oder sich zurückzuhalten.

Andererseits gibt es Phasen, in denen du dich nach innen wenden musst, um Führung zu erhalten und neue Energie in deinem Leben willkommen zu heißen (1er- und 2er-Jahre), sowie Zeiten, in denen du nach innen gehst, um dich auszusöhnen und alte energetische Muster loszulassen (8er- und 9er-Jahre). In diesen Zeiten solltest du nicht von dir erwarten, in der Außenwelt engagiert und produktiv zu sein.

Weil wir vom Leben verwundet und verwirrt sind, schwimmen wir oft gegen den Strom, zwingen uns dazu, aktiv zu sein, wenn wir Ruhe benötigen und nach innen gehen müssten, oder halten uns zurück, wenn es für uns an der Zeit ist, voll und ganz in der Welt mitzuwirken. Das erschwert es uns, unsere Lektionen zu lernen und unsere Gaben zum Ausdruck zu bringen.

Selbst wenn du nur die Grundbedeutung des 9-Jahres-Zyklus verstehst und erkennst, wie sich jeder Zyklus in deinem Leben im Allgemeinen entfaltet, solltest du in der Lage sein, dich besser auf die Energien in dir einzustimmen, die genährt und gelebt werden wollen. Das bedeutet weniger Konflikte im Inneren und weniger Kämpfe im Außen.

Wenn du dir die Zeit nimmst, dich auf das zu besinnen, was du in der jeweiligen Phase deines Lebens brauchst, kannst du mit der universellen Energie fließen, anstatt gegen sie anzukämpfen oder dich ihr zu widersetzen. Indem du dich auf deine sich verändernden Bedürfnisse einstimmst und mit der Energie des Universums kooperierst, so wie sie sich in deiner Umgebung zeigt, erlebst du ein Leben in Gnade und Fülle.

Möge dir ein solches Leben beschieden sein, jetzt und in all den Jahren, die noch kommen.

Gottes Segen,
*Paul Ferrini*